국민 KOOKMIN KOREAN 한국어 2-2

국민대학교 국제교육원 한국어교육센터 편

국민대학교 출판부

차례

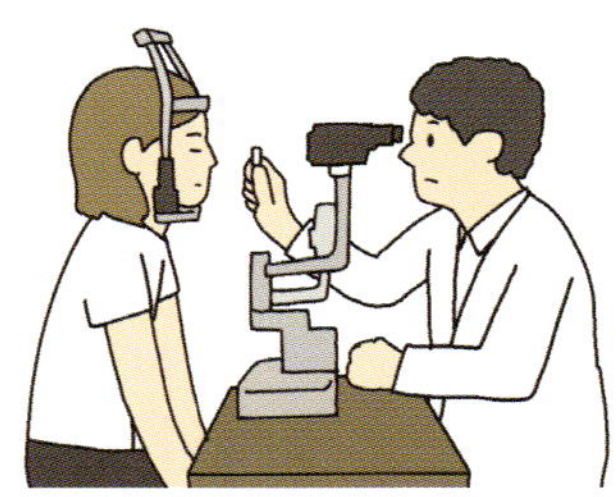

CONTENTS

교재 구성

주제	과	제목	문법 항목	기능	문화
만남	1	한국어를 배운 지 얼마나 됐어요?	–(으)ㄴ 지 (이)랑	인사하기 자기 소개하기	주민 자치 센터 문화 프로그램
	2	방학 때 고향에 다녀왔어	반말	안부 묻고 대답하기	
	3	저도 남자 친구가 있었으면 좋겠어요	–(으)ㄹ까요?[1] –았으면/었으면 좋겠다	제안하기 희망 표현하기	
	4	누구든지 배울 수 있어요	–는 동안 (이)든지	정보 구하기 동아리 가입하기	
한국 생활 I	5	소포를 보내려고 해요	–(으)려고 하다 –(으)ㄴ 다음에	의도 표현하기 선후 관계 말하기 우체국 이용하기	
	6	학교에 올 때 사진을 가지고 오세요	못 –(으)ㄹ 때	불가능 표현하기 학교 시설 이용하기	
	7	출발하기 전에 전화할게요	–지 말고 –기 전에	충고하기 약속하기	
	8	기숙사에서 요리하면 안 돼요	–아도/어도 되다 –(으)면 안 되다	금지하기 허락하기	
한국 생활 II	9	좋은 집을 찾기가 어렵네요	–기 때문에 –기가 쉽다/어렵다/힘들다…	이유 말하기 집 구하기	
	10	청소는 다 했는데 요리는 아직 못 했어요	–는데/(으)ㄴ데[1] –(으)ㄹ 거예요	추측하기 비교하기	
	11	영어를 할 줄 알아요?	–(으)면서 –(으)ㄹ 줄 알다/모르다	능력 말하기 아르바이트 구하기	
	12	운동을 하려고 스포츠 센터를 찾고 있어요	–(으)려고 –(으)ㄹ지 –(으)ㄹ지	목적 말하기 고민 말하기 취미 활동 알아보기	
음식	13	불고기를 만들어 봅시다	–게 –(으)ㅂ시다	제안하기 약속하기 요리법 설명하기	한국의 편리한 대중 교통
	14	불고기가 맛있다고 해요	–(으)ㄹ까요?[2] –다고 하다	추측하기 정보 전달하기 추천하기	
	15	친구 어머니께서 오라고 하셨어요	–냐고 하다 –(으)라고 하다	정보 전달하기	
	16	길이 막힐 테니까 일찍 출발하세요	–자고 하다 –(으)ㄹ 테니까[1]	정보 전달하기 추측하기	
교통	17	책상을 주문하셨지요?	–지요? –다가	확인하기 길 안내하기	
	18	친구하고 약속이 있거든요	–(으)ㄴ 덕분에 –거든요	감사 표현하기 이유 말하기 여러 나라의 교통수단 말하기	
	19	요금이 얼마인지 알아요?	–(으)려면 –는지/(으)ㄴ지 알다/모르다	정보 구하기 방법 묻기	
	20	버스가 고장 나서 탔다가 내렸어요	(이)나 –았다가/었다가	이유 설명하기 경험 말하기	

주제	과	제목	문법 항목	기능	문화
쇼핑	21	이 모자는 안 어울릴 것 같은데요	–는/(으)ㄴ 것 같다 (으)로 하다	추측하기 선택하기 쇼핑하기	One–stop 외국인 종합 지원 센터: 서울 글로벌 센터
	22	그 귀걸이는 너무 커 보여요	–(으)니까 –아/어 보이다	경험 말하기 판단하기 교환/환불하기	
	23	봉투에 넣어 드릴까요?	–아/어 드릴까요? 처럼	의향 묻기 주문/계산하기	
	24	인터넷에서 이 옷을 샀는데 어때요?	–는데/(으)ㄴ데[2] 밖에	배경 설명하기 인터넷 쇼핑 이용하기	
공공장소	25	책을 빌리려면 어떻게 해야 하나요?	–나요/(으)ㄴ가요? –고 나서	선후 관계 말하기 공공시설 이용하기	
	26	자전거를 빌려 올 테니까 잠깐만 기다리세요	–아서/어서 그런지 –(으)ㄹ 테니까[2]	추측하기 의지 표현하기 매표소 이용하기	
	27	세종대왕을 기념하기 위해서 만들었어요	–는/(으)ㄴ 줄 알다 –기 위해서	목적 말하기 특별한 장소 소개하기	
	28	저는 아무거나 괜찮아요	아무 ~(이)나 에다가	공공장소 예절에 대해 설명하기	
경험	29	저도 작년에 본 적이 있어요	–(으)ㄴ 적이 있다/없다 에 비해서	경험 말하기 비교하기	
	30	이번 주말에 사러 가야겠어요	–기로 하다 –아야겠다/어야겠다	계획하기 약속하기 결심 표현하기	
	31	아무 말도 못 했어요	–(으)ㄹ래요 아무 ~도	의향 묻기 부정하기	
	32	손님이 많이 오는 편이에요	–는/(으)ㄴ 편이다 –기는 하지만	경향 말하기 반대하기 아르바이트 경험 말하기	
건강	33	기침도 나고 목도 아파요	~도 –고 –(으)면 되다	첨가하기 방법 설명하기 약국 이용하기	한국 생활에 꼭 필요한 전화번호
	34	약을 먹어도 낫지 않아요	ㅅ 불규칙 –아도/어도	조언하기 병원 이용하기	
	35	걸어서 가는 게 어때요?	–는 게 어때요? 마다	제안하기 생활 습관 말하기	
	36	건강을 생각하게 됐어요	–게 되다 에 대해서	변화 말하기 여러 나라의 건강 비결 말하기	

Table of Contents

Theme, Situation	Lesson	Title	Grammar/ Expression	Function	Culture
Shopping	21	I don't think this cap would suit my friend	-는/(으)ㄴ 것 같다 (으)로 하다	•Guessing •Choosing •Going shopping	One-stop foreigner support center: Seoul Global Center
	22	Those earrings look too big	-(으)니까 -아/어 보이다	•Talking about one's experience •Making a judgement •Exchanging products Getting a refund	
	23	Shall I put it in a bag?	-아/어 드릴까요? 처럼	•Asking about another's intension •Ordering/making payments	
	24	I bought these clothes on the Internet, what do you think?	-는데/(으)ㄴ데[2] 밖에	•Talking about the background situation •Using the Internet shopping mall	
Public Facility	25	What should I do if I want to borrow books?	-나요/(으)ㄴ가요? -고 나서	•Talking about the order of the incident •Using public facilities	
	26	Please wait here for a moment while I rent a bike	-아서/어서 그런지 -(으)ㄹ 테니까[2]	•Guessing •Expressing one's intension •Using the ticket office	
	27	This was built to commemorate King Sejong the Great	-는/(으)ㄴ 줄 알았다 -기 위해서	•Talking about one's objectives •Introducing specific places	
	28	I am fine with anything	아무 ~(이)나 에다가	•Talking about etiquette when using public places	
Experiences	29	I have watched it last year	-(으)ㄴ 적이 있다/없다 에 비해서	•Explaining one's experiences •Comparing	Important phone numbers for living in Korea
	30	I have to go shopping this weekend	-기로 하다 -아야겠다/어야겠다	•Making plans •Making appointments •Expressing one's resolution	
	31	I couldn't say anything	-(으)래요? 아무 ~도	•Asking about other's intensions •Negating	
	32	There are rather a lot of customers	-는/(으)ㄴ 편이다 -기는 하지만	•Talking about one's inclination •Opposing •Talking about part-time job experiences	
Health	33	I cough and I also have a sore throat	~도 -고 -(으)면 되다	•Adding information •Explaining how to do something •Using the pharmacy	
	34	Even though I took some medicine, it didn't work well	ㅅ irregular -아도/ 어도	•Giving advice •Using the hospital	
	35	How about walking home?	-는 게 어때요? 마다	•Suggesting something •Talking about one's life habits	
	36	I started to care about my health	-게 되다 에 대해서	•Talking about changes •Talking about the secrets of good health in many countries	

등장인물

왕쯔이(중국)

장핑(중국)

간토야(몽골)

압둘라(사우디아라비아)

이리나(러시아)

알렉세이(러시아)

바트(몽골)

마키(일본)

카오루(일본)

투이(베트남)

제프리(미국)

김윤아(한국)

이지훈(한국)

쇼핑

21과
이 모자는 안 어울릴 것 같은데요

문법 -는/(으)ㄴ 것 같다, (으)로 하다

22과
그 귀걸이는 너무 커 보여요

문법 -아/어 보이다, -(으)니까

23과
봉투에 넣어 드릴까요?

문법 -아/어 드릴까요?, 처럼

24과
인터넷에서 이 옷을 샀는데 어때요?

문법 -는데/(으)ㄴ데[2], 밖에

21과 이 모자는 안 어울릴 것 같은데요

준비 1

-는/(으)ㄴ 것 같다

무슨 영화를 볼까요?

이 영화가 재미있을 것 같아요.

연습 1

다음과 같이 묻고 대답해 봅시다.

가 : 내일 날씨가 어떨 것 같아요?
나 : 아마 비가 올 것 같아요.

· 그치다
· 결석하다

1. 내일 날씨가 어떻다 / 비가 오다
2. 언제쯤 비가 그치다 / 내일쯤 그치다
3. 다음 이야기가 어떻다 / 재미있다
4. 다음 주 시험이 어떻다 / 어렵다
5. 요즘 투이 씨가 뭐 하다 / 아르바이트를 하다
6. 친구가 왜 전화를 안 받다 / 지금 수업 중이다
7. 마키 씨가 오늘 왜 결석하다 / 아프다

연습 2

그림을 보고 다음과 같이 대화를 해 봅시다.

가 : 누가 어제 열심히 공부한 것 같아요?
나 : 마키 씨가 열심히 공부한 것 같아요.
가 : 왜 그렇게 생각해요?
나 : ______________________________.

1. 어제 열심히 공부하다
2. 지금 바쁘다
3. 운동을 좋아하다
4. 회사에 다니다
5. 오늘 일찍 자다
6. 오늘 생일이다

연습 3

〈연습 2〉와 같이 우리 반 친구들에 대해서 추측해 봅시다.

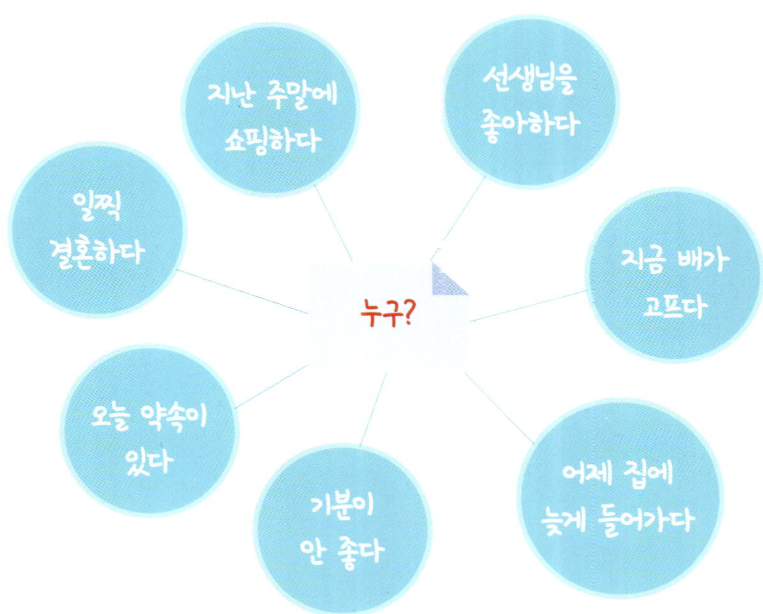

준비 2

(으)로 하다

어떤 색으로 하시겠어요?

빨간색으로 할게요.

연습 1

다음과 같이 묻고 대답해 봅시다.

가 : 몇 시 표로 하시겠어요?
나 : 3시 표로 할게요.

· 양복
· 인실
· 맥주
· 창가
· 쪽

1. 몇 시 표 / 3시 표
2. 어떤 색 티셔츠 / 하얀색
3. 어떤 색 양복 / 검은색
4. 몇 인실 / 2인실
5. 무슨 음식 / 볶음밥
6. 무슨 술 / 맥주
7. 어느 자리 / 창가 쪽 자리

연습 2

다음과 같이 대화를 해 봅시다.

가 : 어서 오세요.
나 : 양말을 사려고 하는데요.
가 : 긴 양말과 짧은 양말이 있어요. 무엇으로 하시겠어요?
나 : ______________________________

· 꽃다발
· 꽃바구니
· 메다
· 소매
· 무늬

1. 양말 / 긴 양말, 짧은 양말
2. 정장 / 바지 정장, 치마 정장
3. 장미꽃 / 꽃다발, 꽃바구니
4. 서류 가방 / 드는 가방, 메는 가방
5. 원피스 / 소매가 있는 것, 소매가 없는 것
6. 넥타이 / 무늬가 있는 것, 무늬가 없는 것

연습 3

다음 물건을 사려고 합니다. 아래와 같이 친구와 이야기해 봅시다.

양말, 원피스, 우산, 정장, 티셔츠, 스카프, 넥타이, 가방, 재킷 …

· 스카프
· 재킷

가 : 어서 오세요.
나 : 양말을 사려고 하는데요.
가 : 어떤 양말을 찾으세요?
나 : 긴 양말요.
가 : 까만색과 하얀색이 있어요. 무엇으로 하시겠어요?
⋮

대화

21-1

점원	어서 오세요. 뭘 찾으세요?
압둘라	친구 생일 선물을 사려고 하는데요.
점원	이 모자는 어때요? 요즘 손님들한테 인기가 많아요.
압둘라	이건 안 어울릴 것 같은데요. 다른 것은 없어요?
점원	그럼 이건 어때요? 이렇게 귀여운 것도 선물하기 좋아요.
압둘라	괜찮네요. 이것으로 할게요. 포장해 주세요.

확인해 봅시다

✔ 압둘라 씨는 왜 쇼핑을 합니까?

✔ 압둘라 씨는 어떤 모자를 골랐습니까?

○ 다음 표현을 사용해서 위와 같이 대화를 만들어 봅시다.

· 화려하다

친구 생일 선물	모자	안 어울리다	귀엽다
여자 친구 선물	구두	높아서 불편하다	편하다
어머니 생신 선물	스카프	안 좋아하시다	화려하다

활동

쇼핑하기

○ 백화점 직원과 손님이 되어서 역할극을 해 봅시다.

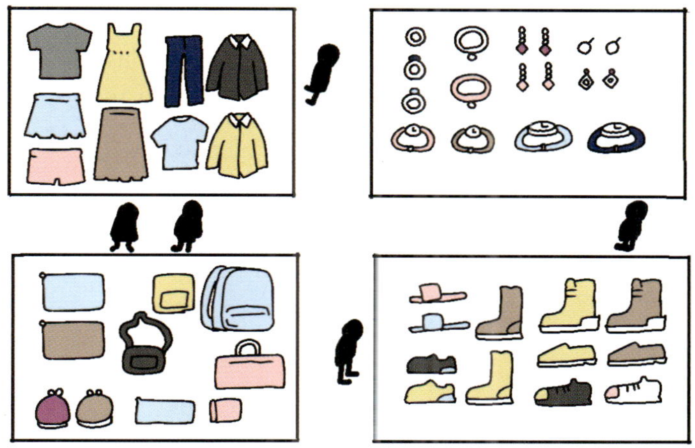

종류

살 것 → 무늬 → 사이즈 → 가격 → 결정

색깔

_________ 을/를 사려고 하는데요.

입어 봐도 돼요?

_________ 사이즈 있어요?

좀 더 보고 올게요.

이것으로 할게요.

읽고 말하기

○ 생각해 봅시다

단골 가게가 무엇입니까? 여러분은 자주 가는 단골 가게가 있습니까?

○ 읽어 봅시다 21-2

저는 학교 근처에 있는 커피숍에 자주 갑니다. 그 커피숍은 조용한 곳에 있습니다. 그곳에는 혼자 음악을 듣거나 책을 보는 사람들이 많습니다. 저도 혼자 쉬고 싶을 때 거기에 갑니다.

제가 그 커피숍을 좋아하는 이유는 큰 창문 때문입니다. 그래서 거기에 가면 항상 창문 근처에 앉습니다. 창밖을 보면서 커피를 마실 때 정말 행복합니다. 비가 올 때도 저는 그곳에 자주 갑니다. 창문 근처에 앉아서 비 오는 것을 보면 마음이 편해집니다.

그 커피숍에서는 컵도 살 수 있습니다. 다른 곳에서 볼 수 없는 예쁜 컵이 많습니다. 그래서 컵만 사러 오는 손님들도 있습니다. 저도 친구 생일에 컵을 사서 선물했습니다. 친구가 그 컵을 마음에 들어해서 기분이 좋았습니다.

그 커피숍에는 늘 좋은 음악과 커피 향기가 있습니다. 저는 시간이 있을 때 거기에 가서 책을 보고 음악도 듣습니다. 그 커피숍은 저에게 행복을 주는 곳입니다.

가. 읽고 이야기해 봅시다.

1. 이 사람의 단골 가게는 어디입니까?
2. 이 사람은 왜 그곳을 좋아합니까?
3. 이 사람은 그곳에서 무엇을 합니까?

· 단골
· 늘
· 향기

나. 윗글을 읽고 맞으면 ○, 틀리면 × 하십시오.

1. 이 커피숍 근처는 복잡하지 않습니다. (　)
2. 이 사람은 친구와 같이 자주 커피숍에 갑니다. (　)
3. 이 커피숍에서 친구의 생일 파티를 했습니다. (　)

다. ________에 주의하면서 듣고 따라 해 봅시다. 21-3

1. 저는 학교 근처에 있는 커피숍에 자주 갑니다.
2. 다른 곳에서 볼 수 없는 예쁜 컵이 많습니다.
3. 컵만 사러 오는 손님들도 있습니다.

라. 친구와 역할극을 해 봅시다.

친구 시간이 있으면 무엇을 해요?
나 커피숍에 가서 책을 보거나 음악을 들어요.
친구 자주 가는 곳이 있어요?
나 네. ______________________
친구 ______________________
나 ______________________
친구 ______________________
나 ______________________
친구 ______________________
나 ______________________
친구 ______________________
나 ______________________

○ 여러분의 단골 가게에 대해서 말해 봅시다.

가. 반 친구들에게 여러분이 자주 가는 단골 가게를 소개해 봅시다.

무슨 가게입니까?
어디에 있습니까?
가게가 어떻습니까?
거기에서 무엇을 합니까?
왜 자주 갑니까?

나. 반 친구들이 말한 단골 가게 중에서 가 보고 싶은 곳이 있습니까?
어디입니까? 왜 거기에 가 보고 싶습니까?

22과 그 귀걸이는 너무 커 보여요

준비 1

–아/어 보이다

저 어때요?

키가 커 보여요.

연습 1

다음과 같이 묻고 대답해 봅시다.

1. **가 :** 이 원피스 어때요? (시원하다)
   나 : 파란색이어서 ___시원해 보여요___.

2. **가 :** 제 휴대 전화 어때요? (좋다)
   나 : 새것이네요. ______________________.

3. **가 :** 앞머리를 잘랐어요. 저 어때요? (얼굴이 작다)
   나 : 잘 어울리네요. ______________________.

4. **가 :** 이 집 어때요? (넓다)
   나 : 가구가 많지 않아서 ______________________.

5. **가 :** 사진에 있는 이 남자 어때요? (착하다)
   나 : ______________________.

6. **가 :** 가방이 ______________________. 택시를 탈까요? (무겁다)
   나 : 괜찮아요. 안 무거워요.

7. **가 :** 저 식당 떡볶이가 맛있어요? (맵다)
   나 : 네, ______________________지만 별로 맵지 않고 맛있어요.

· 앞머리

연습 2

다음과 같이 대화를 해 봅시다.

가 : ________ 씨, 피곤해 보여요. 무슨 일 있어요?
나 : 어제 잠을 못 잤어요.
가 : 그래요? 왜 잠을 못 잤어요?
나 : ____________________________.

1. 피곤하다 / 어제 잠을 못 잤다 / 왜
2. 아프다 / 어제 술을 많이 마셨다 / 누구하고
3. 바쁘다 / 요즘 새집을 보러 다니다 / 왜
4. 힘들다 / 하루 종일 밥을 못 먹었다 / 왜
5. 기분이 좋다 / 오늘 제 생일이다 / 무엇
6. 멋있다 / 오늘 약속이 있다 / ____________
7. 예쁘다 / 결혼식에 갈 것이다 / ____________

연습 3

<연습 2>와 같이 이야기해 봅시다.

요즘 행복해 보이는 사람: ________ 씨

요즘 외로워 보이는 사람: ________ 씨

오늘 슬퍼 보이는 사람: ________ 씨

오늘 예뻐 보이는 사람: ________ 씨

오늘 멋있어 보이는 사람: ________ 씨

________ 아/어 보이는 사람: ________ 씨

준비 2

–(으)니까

왜 학교에 늦게 왔어요?

일어나니까 10시였어요.

연습 1

다음과 같이 묻고 대답해 봅시다.

1. 가 : 오늘 아침에 늦게 일어났어요? (일어나다)
   나 : 네, 일어나니까 10시였어요.
2. 가 : 왜 우산을 가지고 왔어요? (신문을 보다)
   나 : ______________ 비가 온다고 해서요.
3. 가 : 선생님을 만났어요? (사무실에 가다)
   나 : 네, ______________ 계셨어요.
4. 가 : ______________ 뭐가 있었어요? (선물 상자를 열다)
   나 : 목걸이랑 편지가 있었어요.
5. 가 : ______________ 어때요? (결혼하다)
   나 : 행복해요.
6. 가 : ______________ 어때요? (고향에서 온 편지를 읽다)
   나 : 고향에 가고 싶어요.
7. 가 : ______________ 기분이 어때요? (토픽(TOPIK) 3급을 받다)
   나 : 아주 좋아요.

연습 2

다음과 같이 대화를 해 봅시다.

가 : 이 옷을 입어 봐도 돼요?
나 : 그럼요, 입어 보세요.
(잠시 후)
나 : 어떠세요?
가 : 입어 보니까 ____________________.

· 와인
· 바르다

1. 이 옷을 입다
2. 저 빨간색 구두를 신다
3. 이 와인을 마시다
4. 저 목걸이를 하다
5. 저 파란색 모자를 쓰다
6. 이 화장품을 바르다

연습 3

여러분은 한국에 와서 무엇을 해 봤습니까? 해 보니까 어땠습니까?
친구와 같이 이야기해 봅시다.

- 유명한 한국 음식을 먹어 보다
- 택시를 타 보다
- 다른 나라 친구들을 사귀어 보다
- 유명한 곳에 가 보다
-
- 한국어로 전화해 보다

대화

22-1

점원 어서 오세요.

투이 이 귀걸이를 교환하고 싶은데요.

점원 왜요? 마음에 안 드세요?

투이 비슷한 귀걸이가 많아서요.

점원 그럼 이건 어때요? 요즘 유행하는 디자인이에요.

투이 그 귀걸이는 너무 커 보여요.

점원 한번 해 보세요. 보는 것과 달라요.

투이 해 보니까 정말 예쁘네요. 이것으로 바꿔 주세요.

확인해 봅시다

- 투이 씨는 왜 가게에 갔습니까?
- 투이 씨는 왜 귀걸이를 교환했습니까?
- 투이 씨는 왜 점원이 골라 준 귀걸이로 바꿨습니까?

○ 다음 표현을 사용해서 위와 같이 대화를 만들어 봅시다.

· 점원
· 교환하다
· 유행하다
· 디자인
· 갖다
· 맞다(크기가)

귀걸이	비슷한 귀걸이가 많다	하다	예쁘다
가방	메는 가방으로 바꾸고 싶다	메다	크지 않다
모자	같은 걸 갖고 있다	쓰다	잘 어울리다
티셔츠	저한테 안 어울리다	입다	잘 맞다

활동

교환하기

여러분은 산 물건이 마음에 들지 않으면 어떻게 합니까? 그림을 보고 점원과 손님이 되어서 역할극을 해 봅시다.

듣고 읽기

생각해 봅시다

여러분은 물건을 산 후에 교환이나 환불을 해 봤습니까? 왜 했습니까?

들어 봅시다 22-2

가. 듣고 이야기해 봅시다.

1. 여자는 왜 옷을 교환하려고 했습니까?
2. 여자는 왜 옷을 교환하지 않고 환불했습니까?
3. 이 가게에서는 교환할 때 무엇이 필요합니까?

나. 다시 한번 듣고 맞으면 ○, 틀리면 × 하십시오.

1. 여자는 어제 산 티셔츠를 교환했습니다. ( )
2. 여자는 밝은 색 티셔츠를 사고 싶었습니다. ( )
3. 체크무늬 셔츠는 큰 사이즈가 없었습니다. ( )

다. 잘 듣고 빈칸에 써 봅시다. 22-3

손님	그럼 너무 늦는데 ……. ________ 게 없네요. 그냥 ________ 주세요.
직원	네, 그렇게 하시겠어요? 그럼 어제 ________ 카드 좀 주세요.
손님	여기 있어요.
직원	잠시만요. 여기에 ________ 주세요.
손님	네.
직원	________. 여기 ________ 받으세요.

· 하늘색
· 베이지색
· 까만색
· 어두운색
· 체크무늬
· 셔츠
· 사이즈
· 남다
· 그냥
· 서명하다
· 취소되다
· 계산하다
· 환불하다

라. 잘 듣고 문장을 완성해 봅시다. 22-4

직원 어서 오세요. ____________________?

손님 어제 이 티셔츠를 샀는데 ____________________.

직원 왜요? ____________________?

손님 집에 가서 ______________ 좀 뚱뚱해 보여서요.

직원 ____________________?

손님 여기 있어요.

직원 네, 그럼 ____________________.

○ 다음 영수증을 읽고 질문에 대답해 봅시다.

국민마트(정릉점)

TEL: 02-910-1234

영수증이 없으면 교환/환불할 수 없습니다.
물건을 산 가게에서만 교환/환불할 수 있습니다.
교환/환불하려면 한 달 안에 계산한 카드를 가지고 와야 합니다.

2015-06-16 18:01

양말	1,000	1	1,000
컵라면	850	2	1,700

⋮

가. 윗글을 읽고 맞으면 ○, 틀리면 × 하십시오.

1. 컵라면을 바꾸려면 영수증이 꼭 필요합니다. ( )
2. 국민마트 종로점에서도 물건을 교환할 수 있습니다. ( )
3. 환불하려면 물건을 살 때 사용한 카드가 있어야 합니다. ( )

나. 여러분이 가지고 있는 영수증을 읽어 봅시다.

23과 봉투에 넣어 드릴까요?

준비 1

-아/어 드릴까요?

선생님, 도와 드릴까요?

네, 고마워요.

연습 1

다음과 같이 묻고 대답해 봅시다.

가 : 창문을 열어 드릴까요?
나 : 네, 열어 주세요.

1. 창문을 열다
2. 문을 닫다
3. 책을 빌리다
4. 사진을 찍다
5. 에어컨을 끄다
6. 자리를 바꾸다
7. 한국 친구를 소개하다

연습 2

다음과 같이 대화를 해 봅시다.

가 : 이번 주말에 이사하지요?
나 : 네. 그런데 짐이 많아서 걱정이에요.
가 : 그럼 제가 가서 도와 드릴까요?
나 : 정말요? 고마워요.

· 짐

1. 이번 주말에 이사하다 / 짐이 많다 / 가서 돕다
2. 지금 밖에 비가 오다 / 우산이 없다 / 빌리다
3. 수업 후에 은행에 가야 하다 / 한국말을 잘 못하다 / 같이 가서 돕다
4. 오늘 시험공부를 할 계획이다 / 문법이 너무 어렵다 / 같이 공부하면서 가르치다
5. 다음 달에 기숙사에서 나가야 하다 / 아직 집을 못 구하다 / 싸고 좋은 원룸을 소개하다
6. 이따가 투이 씨 생일 파티에 가다 / 아직 선물을 못 사다 / 같이 가서 고르다

연습 3

친구가 다음과 같은 상황에 있을 때 어떻게 도와줄 수 있습니까? 친구와 대화를 만들어 봅시다.

명동에 쇼핑하러 가고 싶어요. 그런데 한국어를 잘 못해요.

내일 공항에 가야 해요. 그런데 가방이 너무 무거워요.

점심을 먹어야 해요. 그런데 지갑을 집에 놓고 왔어요.

주말에 집들이를 해요. 할 일이 너무 많아요.

파티에 반 친구들을 초대하고 싶어요. 그런데 전화번호를 몰라요.
전화번호를 알고 싶어요.

준비 2

처럼

어떻게 잘라 드릴까요?

이 여자처럼 잘라 주세요.

연습 1

다음과 같이 묻고 대답해 봅시다.

가 : 투이 씨가 노래를 잘 불러요?
나 : 네, 가수처럼 노래를 잘 불러요.

1. 투이 씨가 노래를 잘 부르다 / 가수
2. 동생이 키가 크다 / 농구 선수
3. 여자 친구가 예쁘다 / 영화 배우
4. 간토야 씨가 한국말을 잘하다 / 한국 사람
5. 압둘라 씨가 반 친구들과 친하다 / 형제
6. 선생님이 무섭다 / 호랑이
7. 그곳 경치가 아름답다 / 그림

· 호랑이

연습 2

다음과 같이 대화를 해 봅시다.

가 : ________ 씨, 하숙집 아주머니가 어떠세요?
나 : 어머니처럼 친절하세요.
가 : 그래요?
나 : 네. 그리고 요리사처럼 요리를 잘하세요.

· 하숙집
· 모델
· 천사
· 정확하다

1. 하숙집 아주머니 / 어머니 – 친절하다 / 요리사 – 요리를 잘하다
2. 아버지 / 모델 – 멋있다 / 바다 – 마음이 넓다
3. 선생님 / 가족 – 잘 도와주다 / 부모님 – 저를 사랑하다
4. 여동생 / 인형 – 귀엽다 / 천사 – 착하다
5. 고향 친구 / 컴퓨터 – 똑똑하다 / 시계 – 정확하다

연습 3

여러분은 누가 부럽습니까? 부러운 사람에 대해서 친구와 이야기해 봅시다.

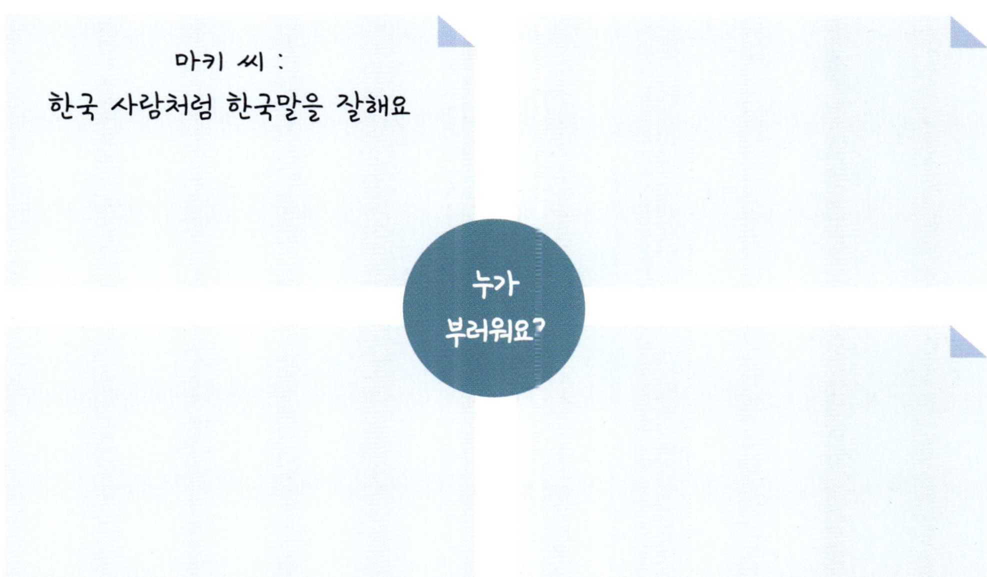

대화

23-1

점원	어서 오세요. 봉투에 넣어 드릴까요?
왕쯔이	네, 넣어 주세요.
점원	모두 40,500원입니다. 포인트 카드 있으세요?
왕쯔이	없는데요.
점원	그럼 만들어 드릴까요? 포인트를 모으면 현금처럼 쓰실 수 있어요.
왕쯔이	지금 바로 만들 수 있어요?
점원	그럼요, 여기에 성함과 연락처를 적어 주세요.

확인해 봅시다

- 왕쯔이 씨는 무엇을 했습니까?
- 포인트 카드가 있으면 무엇이 좋습니까?

○ 다음 표현을 사용해서 위와 같이 대화를 만들어 봅시다.

(마트에서)	봉투에 넣다	40,500원	만들다
(빵집에서)	빵을 자르다	8,000원	신청하다
(선물 가게에서)	물건을 포장하다	72,000원	만들다

· 포인트
· 모으다
· 현금
· 바로
· 연락처
· 적다

활동

물건 계산하기

◯ 여러분은 다음과 같은 장소에서 계산을 하려고 합니다. 직원과 손님이 되어서 역할극을 해 봅시다.

- 계산해 드릴까요?
- 계산하시겠어요?
- 계산은 어떻게 하시겠어요?

– 마트에서 –
- ▶ 계산: 40,500원
- ▶ 봉투: ○ ×
- ▶ 배달: ○ ×

(배달 시간: ________)

- 봉투 드릴까요?
- ______아/어 드릴까요?

– 햄버거 가게에서 –
- ▶ 주문: 햄버거 2개, 콜라 2잔
- ▶ 포장: ○ ×
- ▶ 계산: 현금( ) 카드( )
- ▶ 포인트 카드: ○ ×

- 주문하시겠어요?
- 뭘 드릴까요?

– 커피숍에서 –
- ▶ 주문: 아메리카노
- ▶ 컵: 머그컵( ) 일회용컵( )
- ▶ 설탕: ○ ×
- ▶ 계산: 현금( ) 카드( )

– 빵 가게에서 –
- ▶ 주문: 딸기 케이크
- ▶ 초: _____ 개
- ▶ 계산: 현금( ) 카드( )
- ▶ 포인트 카드: ○ ×

- ______아/어 드릴까요?
- 초는 몇 개 드릴까요?
- 계산은 어떻게 하시겠어요?
- 포인트 카드 있으세요?

읽고 말하기

○ 생각해 봅시다

여러분은 한국의 전통 시장에 가 봤습니까? 전통 시장이 어떻습니까?

○ 읽어 봅시다 23-2

지난 일요일에 저는 같이 사는 친구와 대형 마트에 갔습니다. 오랫동안 마트에 가지 않아서 쌀, 과일, 채소, 물 등 없는 게 많았습니다. 그런데 마트에 도착하니까 쉬는 날이었습니다. 저는 사야 할 것이 많았기 때문에 당황했습니다. 그때 친구가 근처에 있는 전통 시장에 가 보자고 했습니다. 저는 전통 시장에 안 가 봤지만 친구를 따라서 시장으로 갔습니다.

시장은 생각보다 컸습니다. 과일 가게, 생선 가게, 반찬 가게 등이 있었습니다. 그리고 한복을 파는 가게도 있었습니다. 한복이 예뻐서 보고 있으니까 주인아주머니가 한번 입어 보라고 하셨습니다. 저와 친구는 한복을 입어 봤습니다. 기분이 좋았습니다. 우리는 여기저기를 다니면서 필요한 것을 샀습니다. 사과가 싸서 많이 사니까 주인아저씨가 공짜로 사과 두 개를 더 주셨습니다. 그리고 시장을 구경하다가 파전이 맛있어 보여서 파전도 사 먹었습니다.

전통 시장에 가 보니까 값이 싸고 구경할 것도 많아서 재미있었습니다. 가게 아주머니들과 한국말로 이야기도 많이 했습니다. 시장 사람들이 가족처럼 따뜻하고 친절했습니다. 한국에 사는 동안 전통 시장에 자주 다니면서 한국을 더 많이 느끼고 싶습니다.

가. 읽고 이야기해 봅시다.

1. 이 사람은 왜 대형 마트에서 쇼핑하지 못했습니까?
2. 전통 시장은 어땠습니까?
3. 이 사람은 전통 시장에서 무엇을 했습니까?

· 대형
· 마트
· 당황하다
· 따르다
· 공짜
· 느끼다

나. 윗글을 읽고 맞으면 ○, 틀리면 × 하십시오.

1. 이 사람은 한국에서 처음 전통 시장에 가 봤습니다. (　)
2. 이 사람은 한복을 사려고 전통 시장에 갔습니다. (　)
3. 이 사람은 전통 시장에서 한국말을 많이 사용했습니다. (　)

다. ________에 주의하면서 듣고 따라 해 봅시다. 23-3

1. 오랫동안 마트에 가지 않아서 없는 게 많았습니다.
2. 마트에 도착하니까 쉬는 날이었습니다.
3. 시장 사람들이 가족처럼 따뜻하고 친절했습니다.

라. 친구와 역할극을 해 봅시다.

반 친구 주말 잘 보냈어요? 주말에 뭐 했어요?
나 ________
반 친구 그래요? 재미있었어요?
나 ________
반 친구 뭘 샀어요?
나 ________
반 친구 맛있는 것도 먹었어요?
나 ________
반 친구 ________
나 ________
반 친구 ________
나 ________

○ 말해 봅시다

가. 대형 마트와 전통 시장의 좋은 점과 나쁜 점을 생각해 봅시다.

	좋은 점	나쁜 점
대형 마트	1. 2. 3.	1. 2. 3.
전통 시장	1. 2. 3.	1. 2. 3.

나. 위에서 생각한 것을 반 친구들과 이야기해 봅시다.
이야기가 끝난 후에 여러분은 어디가 더 좋은지 말해 봅시다.

24과 인터넷에서 이 옷을 샀는데 어때요?

준비 1

–는데/(으)ㄴ데[2]

윤아 씨 고향은 어디예요?

제 고향은 전주인데 비빔밥으로 유명해요.

연습 1

다음과 같이 묻고 대답해 봅시다.

1. 가 : 자주 가는 식당이 어디예요? (국민식당이다 – 싸고 맛있다)
   나 : 국민식당인데 싸고 맛있어요.
2. 가 : 저분은 누구세요? (1급 때 선생님이다 – 친절하고 잘 가르치다)
   나 : ______________________.
3. 가 : 한국에서 제일 높은 산이 뭐예요? (한라산이다 – 제주도에 있다)
   나 : ______________________.
4. 가 : 옆에 있는 사람은 누구예요? (제 고향 친구이다 – 한국에 여행을 왔다)
   나 : ______________________.
5. 가 : 불고기는 어떤 음식이에요? (소고기와 채소로 만들다 – 달고 맛있다)
   나 : ______________________.
6. 가 : 어제 뭐 했어요? (영화를 봤다 – 너무 재미있었다)
   나 : ______________________.
7. 가 : 크리스마스에 어디에 갔어요? (명동에 갔다 – 사람이 정말 많았다)
   나 : ______________________.

· 소고기

연습 2

다음과 같이 대화를 해 봅시다.

가 : 어제 아주 반가운 일이 있었어요.
나 : 무슨 일이 있었어요?
가 : 명동 백화점에 갔는데 초등학교 친구를 만났어요.
나 : 정말 반가웠겠네요.

· 초등학교
· 결과

1. 반갑다 / 명동 백화점에 갔다 – 초등학교 친구를 만났다
2. 기분이 좋다 / 버스를 탔다 – 멋있는 남자가 가방을 들어 줬다
3. 기쁘다 / 토픽(TOPIK) 시험 결과가 나왔다 – 3급을 받았다
4. 기분이 좋다 / 식당에서 선배를 만났다 – 저와 제 친구한테 밥을 사 줬다
5. 무섭다 / 밤에 혼자 집에 가고 있었다 – ______________
6. 재미있다 / 텔레비전을 보고 있었다 – ______________

연습 3

아래 주제에 대해서 다음과 같이 소개해 봅시다

· 소중하다

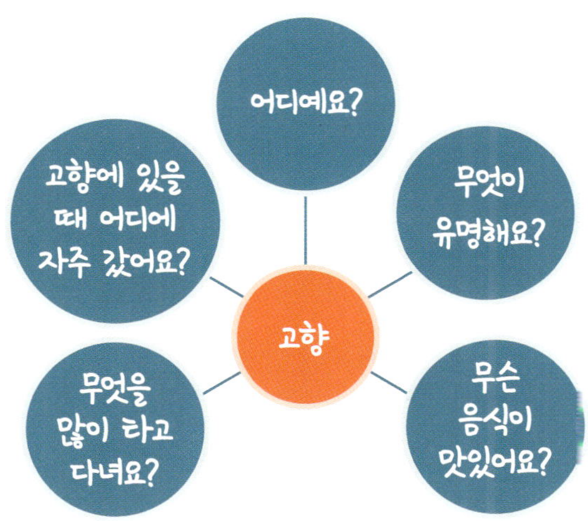

자주 가는 가게

좋아하는 사람

소중한 물건

가 : __________ 씨는 고향이 어디예요?
나 : 제 고향은 부산인데 한국에서 두 번째로 큰 도시예요.
가 : 뭐가 유명해요?
나 : 해운대가 유명한데 여름에 사람들이 많이 놀러 가요.
⋮

준비 2

밖에

생일 파티에 친구들이 많이 왔어요?

아니요, 두 명밖에 안 왔어요.

연습 1

다음과 같이 묻고 대답해 봅시다.

가 : 고향에 자주 갔어요?
나 : 아니요, 한 번밖에 안 갔어요.

1. 고향에 자주 갔다 / 한 번
2. 술을 잘 마시다 / 맥주 한 잔
3. 집에서 학교까지 오래 걸리다 / 5분
4. 쉬는 시간이 많이 남았다 / 1분
5. 언니가 있다 / 동생
6. 그 사람을 잘 알다 / 이름
7. 한국말을 잘하다 / 조금

연습 2

다음과 같이 대화를 해 봅시다.

가 : 어제 잠을 많이 잤어요?
나 : 아니요, 3시간밖에 못 잤어요.
가 : 왜 3시간밖에 못 잤어요?
나 : 일이 많아서요.

· 쪽(page)
· 내용

1. 어제 잠을 잤다 / 3시간 / 일이 많다
2. 옷을 샀다 / 한 벌 / 돈이 부족하다
3. 주말에 책을 읽었다 / 10쪽 / 내용이 어렵다
4. 집에 먹을 게 있다 / 라면 / 요즘 시장에 못 가다
5. 2급 단어를 알다 / 조금 / 공부를 안 하다
6. 작년에 여행을 했다 / 한 번 / ______________
7. 오늘 아침에 밥을 먹었다 / ______ / ______________

연습 3

다음과 같이 친구와 묻고 대답해 봅시다.

질문	나	A 씨	B 씨
커피를 하루에 몇 잔 마셔요?	2잔	1잔	3잔
하루에 몇 시간 자요?			
얼마나 자주 운동해요?			
한국의 도시 이름을 몇 개 알아요?			

저는 커피를 하루에 두 잔 마셔요. — 나

A — 두 잔이나 마셔요? 저는 한 잔밖에 안 마셔요.

B — 두 잔밖에 안 마셔요? 저는 세 잔 마셔요.

대화

24-1

왕쯔이	인터넷에서 이 옷을 샀는데 어때요?
마키	예뻐요. 인터넷에서 옷을 자주 사요?
왕쯔이	네, 싸고 편리해서 자주 사요.
마키	저는 책밖에 안 사요. 옷을 받은 다음에 마음에 안 들면 어떻게 해요?
왕쯔이	걱정하지 마세요. 바꾸기 어렵지 않아요.
마키	그래요? 그럼 자주 이용하는 쇼핑몰 좀 알려 주세요.

확인해 봅시다

- 두 사람은 무슨 이야기를 합니까?
- 인터넷 쇼핑은 어떻습니까?

○ 다음 표현을 사용해서 위와 같이 대화를 만들어 봅시다.

· 종류
· 생활용품

옷	예쁘다	싸고 편리하다	책
신발	편해 보이다	종류가 많고 디자인이 다양하다	화장품
가방	멋있다	집에서 편하게 쇼핑할 수 있다	생활용품

활동

인터넷으로 주문한 물건을 취소하기

◯ 인터넷으로 산 물건을 취소하려고 합니다. 쇼핑몰 직원과 손님이 되어서 역할극을 해 봅시다.

물건이 뭐예요?	□ 옷 □ 신발 □ 책 □ 화장품
왜 취소하고 싶어요?	□ 사이즈가 안 맞아요. □ 마음에 안 들어요. □ 물건에 문제가 있어요.
사용했어요?	□ 사용했어요. ⟶ 취소할 수 없어요.
	□ 사용하지 않았어요. ⟶ 취소할 수 있어요.
물건을 다시 포장해서 택배 기사에게 주세요.	취소하려면 어떻게 해야 해요?
□ 네 □ 아니요	택배 요금을 내야 해요?
□ 통장 입금 □ 카드 취소 □ 쇼핑몰 포인트	어떻게 환불 받아요?

읽고 쓰기

○ 생각해 봅시다

여러분은 인터넷으로 무엇을 사 봤습니까? 그 물건이 마음에 들었습니까? 물건을 산 다음에 홈페이지에 글을 써 봤습니까?

○ 읽어 봅시다 24-2

평가	상품 평	구매자	등록일
★★★★★	여행 갈 때 쓰려고 샀는데 마음에 들어요. 예쁘고 튼튼해요. 또 주머니도 많아서 편리할 것 같아요. 이 가방은 메거나 끌 수 있어요. 제 친구도 가방을 사고 싶다고 했어요. 여행을 가시는 분들께 이 가방을 추천해요.	wit****	06.15
★★★☆☆	보통이에요. 생각보다 가방이 크고 무겁네요. 저는 여자인데 무거워서 멜 수 없을 것 같아요. 이 가방은 남자가 쓰는 게 좋겠어요. 그래서 별을 세 개밖에 줄 수 없네요.	sil****	06.09
★★★★☆	배송이 느리다고 해서 걱정했는데 빨리 받았습니다. 저는 하늘색으로 샀는데 인터넷에서 본 것보다 색깔이 좀 어둡습니다. 그것 말고 다른 것은 모두 마음에 듭니다.	miy****	06.07
★☆☆☆☆	배송이 너무 느려요. 한 달 전에 주문했는데 오늘 받았어요. 받아 보니까 가방에서 안 좋은 냄새도 많이 나요. 냄새 때문에 머리가 너무 아프네요. 이 가방을 사지 마세요.	rang***	06.01

· 튼튼하다
· 주머니
· 끌다
· 별
· 배송
· 느리다

가. 읽고 이야기해 봅시다.

1. 첫 번째 사람은 왜 이 가방이 좋다고 합니까?
2. 두 번째 사람은 왜 별(★)을 세 개밖에 주지 않았습니까?
3. 네 번째 사람은 왜 이 가방을 사지 말라고 합니까?

나. 윗글을 읽고 맞으면 ○, 틀리면 × 하십시오.

1. 두 번째 사람은 남자 친구에게 선물하려고 가방을 샀습니다. ( )
2. 세 번째 사람은 가방 색깔이 마음에 들지 않습니다. ( )
3. 네 번째 사람은 배송이 느려서 주문을 취소했습니다. ( )

다. ________에 주의하면서 듣고 따라 해 봅시다. 24-3

1. 주머니도 많아서 편리할 것 같아요.
2. 별을 세 개밖에 줄 수 없네요.
3. 배송이 느리다고 해서 걱정했는데 빨리 받았습니다.

라. 여러분은 이 가방을 사겠습니까? 친구와 함께 이 가방의 좋은 점과 나쁜 점을 이야기 해 봅시다.

친구	________ 씨, 이 가방을 사고 싶어요?
나	네/아니요, ________________.
친구	어떤 점이 마음에 들어요/마음에 안 들어요?
나	________________.
친구	그리고요?
나	________________.
	________ 씨 생각은 어때요?
친구	________________.
나	________________
친구	________________
나	________________
친구	________________
나	________________

읽고 쓰기

◯ 여러분이 인터넷으로 산 물건에 대해서 써 봅시다.

평가	상품 평	구매자	등록일
☆☆☆☆☆			

공공장소

25과

책을 빌리려면 어떻게 해야 하나요?

문법 –나요/(으)ㄴ가요?, –고 나서

26과

자전거를 빌려 올 테니까 잠깐만 기다리세요

문법 –아서/어서 그런지, –(으)ㄹ 테니까[2]

27과

세종대왕을 기념하기 위해서 만들었어요

문법 –는/(으)ㄴ 줄 알다, –기 위해서

28과

저는 아무거나 괜찮아요

문법 아무 ~(이)나, 에다가

25과 책을 빌리려면 어떻게 해야 하나요?

준비 1

–나요/(으)ㄴ가요?

예약하셨나요?

네, 예약했어요.

연습 1

다음과 같이 묻고 대답해 봅시다.

가 : 박물관 안에서 사진을 찍어도 되나요?
나 : 네, 찍어도 돼요./아니요, 찍으면 안 돼요.

1. 박물관 안에서 사진을 찍어도 되다
2. 일요일에도 가게 문을 열다
3. 보험에 들고 싶은데 보험료가 비싸다
4. 집이 학교에서 멀다
5. 지금 공사 중이다
6. 지난주보다 환율이 떨어졌다
7. 소포를 항공편으로 부칠 것이다
8. 예약을 안 했는데 자리가 있다

· 보험
· 들다(보험에)
· 보험료
· 공사
· 환율
· 떨어지다
· 항공편
· 부치다

연습 2

다음과 같이 대화를 해 봅시다.

가 : 근처에 약국이 있나요?
나 : 네, 있어요.
가 : 어디에 있나요?
나 : 저 건물 1층에 있어요.

· 건너편
· 면접
· 자기소개서
· 기말시험

1. 근처에 약국이 있다 / 어디 – 저 건물 1층
2. 근처에 편의점이 있다 / 어디 – 길 건너편
3. 면접 때 서류를 내야 하다 / 무엇 – 자기소개서
4. 방학에 고향에 갈 것이다 / 언제 – 기말시험이 끝나는 날
5. 회의에 사람이 많이 왔다 / 몇 명쯤 – ______________________
6. 학생이다 / 어느 대학교 학생 – ______________________
7. 한국 생활이 힘들다 / 언제 제일 – ______________________

연습 3

아래에 대해 다음과 같이 친구들과 스무고개를 해 봅시다.

우리 반 친구 | 한국에서 유명한 곳 | 싫어하는 음식

여자인가요? — 네.
파란색 옷을 입고 있나요? — 아니요.
머리가 긴가요? — 아니요.
⋮ — ⋮
알겠어요. OO 씨이지요? — 네, 맞아요.

준비 2

–고 나서

준비 운동을 하고 나서 들어가세요.

네, 알겠습니다.

연습 1

다음과 같이 묻고 대답해 봅시다.

가 : 언제 산책할 거예요?
나 : 저녁을 먹고 나서 산책할 거예요.

· 싸다(짐을)
· 뵙다
· 소식

1. 저녁을 먹다 → 산책할 것이다
2. 짐을 다 싸다 → 잘 것이다
3. 25과까지 공부하다 → 시험을 볼 것이다
4. 영화를 보다 → 친구들과 헤어졌다
5. 할머니를 뵙다 → 그 소식을 알았다
6. 보통 점심을 먹다 → 커피를 마시다
7. 식사하다 → 약을 먹어야 하다

연습 2

다음과 같이 대화를 해 봅시다.

가 : 집에 가면 제일 먼저 뭐 해요?
나 : 손을 씻어요.
가 : 그다음에 뭐 해요?
나 : 손을 씻고 나서 밥을 먹어요.

· 인사하다
· 번호표
· 뽑다
· 접수
· 진료실

1. 집에 가다 / 손을 씻다 → 밥을 먹다
2. 학교에 오다 / 친구들과 인사를 하다 → 단어를 외우다
3. 컴퓨터를 켜다 / 이메일을 확인하다 → 인터넷 뉴스를 보다
4. 은행에 가다 / 번호표를 뽑다 → 기다리는 동안 잡지를 보다
5. 병원에 가다 / 접수를 하다 → 이름을 부르면 진료실로 들어가다
6. 수업이 끝나다 / 점심을 먹다 → ______________________
7. 아침에 일어나다 / 세수를 하다 → ______________________

연습 3

다음에 대해서 친구와 이야기해 봅시다.

· 순서
· 뷔페식당

라면을 맛있게 끓이는 순서

뷔페식당에서 음식을 먹는 순서

아침에 일어나서 준비하는 순서

대화

25-1

직원	무엇을 도와 드릴까요?
간토야	책을 빌리려면 어떻게 해야 하나요?
직원	도서관 카드가 있으십니까?
간토야	아니요, 없는데요. 어떻게 만드나요?
직원	먼저 인터넷으로 회원 가입을 하고 나서 여기로 다시 오십시오.
간토야	알겠습니다. 저 컴퓨터를 써도 되나요?
직원	네, 사용하셔도 됩니다.

확인해 봅시다

✔ 간토야는 무엇을 하고 싶습니까?

✔ 도서관 카드를 어떻게 만듭니까?

○ 다음 표현을 사용해서 위와 같이 대화를 만들어 봅시다.

· 회원
· 가입
· 수업료
· 멀티미디어실
· 회원증

책을 빌리다	도서관 카드가 있다	어떻게 만들다	회원 가입을 하다 → 여기로 다시 오다
문화 수업을 듣다	신청을 했다	어떻게 신청하다	원하는 수업을 신청하다 → 수업료를 내다
멀티미디어실을 이용하다	회원증이 있다	어떻게 만들다	회원 가입을 하다 → 1층 사무실로 가다

활동

공공시설 이용하기

다음 장소에서 역할극을 해 봅시다.

〈우체국에서〉

- 보내는 곳
- 보내는 물건
- 보내는 방법

직원 무엇을 도와 드릴까요?
손님 소포를 보내려고 하는데요.
직원 어디로 보내실 건가요?

⋮

〈지하철 분실물 센터에서〉

- 잃어버린 물건
- 잃어버린 곳
  - __________호선
  - 탄 역 __________
  - 내린 역 __________
- 잃어버린 사람의 연락처

〈여행 안내소에서〉

- __________에 가는 방법
- 교통편
- 표 사는 곳
- 요금
- 걸리는 시간

읽고 말하기

◯ 생각해 봅시다

여러분은 한국에서 도서관에 가 봤습니까? 어느 도서관에 가 봤습니까?

◯ 읽어 봅시다 25-2

"서울도서관에 놀러 오세요!"

1. ㉮

서울도서관은 지하철 1, 2호선 시청역 근처에 있습니다. 시청역에서 서울도서관까지 걸어서 5분쯤 걸립니다. 서울도서관 건물에 큰 시계가 있어서 찾기가 쉽습니다.

2. ㉯

누구든지 서울도서관을 이용할 수 있습니다. 도서관 안에서 책도 보고 DVD도 볼 수 있습니다. 그리고 예약을 하면 컴퓨터도 사용할 수 있습니다. 도서관 이용 시간은 화요일부터 금요일까지는 오전 9시부터 오후 9시까지이고, 토요일과 일요일에는 오전 9시부터 오후 6시까지입니다. 매주 월요일과 공휴일에는 문을 열지 않습니다.

3. ㉰

책을 빌리려면 회원증을 만들어야 합니다. 서울에 살고 있는 사람은 누구든지 무료로 회원증을 만들 수 있습니다. 외국인도 회원증을 만들 수 있습니다. 회원증을 만들려면 먼저 서울도서관 홈페이지에 들어가서 회원 가입을 해야 합니다. 회원 가입을 하고 나서 도서관에 가면 회원증을 만들어 줍니다. 이때 꼭 신분증이 필요합니다. 회원이 되면 2주일 동안 책 3권을 빌릴 수 있습니다.

· 새롭다
· 똑같다
· 공휴일
· 무료
· 이때
· 비용
· 대출

가. ㉮~㉰에 어울리는 제목을 아래에서 골라 봅시다.

( ) 서울도서관에서 책 빌리기
( ) 서울도서관에 찾아가기
( ) 서울도서관 이용하기

나. 읽고 이야기해 봅시다.

1. 서울도서관은 어디에 있습니까?
2. 서울도서관에서 무엇을 할 수 있습니까?
3. 책을 빌리려면 어떻게 해야 합니까?

다. 윗글을 읽고 맞으면 ○, 틀리면 × 하십시오.

1. 컴퓨터를 사용하고 싶으면 예약을 해야 합니다. ( )
2. 주말에도 도서관에 갈 수 있습니다. ( )
3. 외국인은 책을 빌릴 수 없습니다. ( )

라. 다음은 서울도서관 안내문입니다. ( )에 알맞은 내용을 써 봅시다.

1. 회원증

- ( )에 살고 있는 사람은 누구든지 만들 수 있어요.
- 홈페이지에서 회원 가입을 한 후에 ( )을 가지고 도서관에 오세요.
- 비용: ( )

2. 이용 시간

- 화~금: ( )시 ~ ( )시
- 토, 일: 오전 9시 ~ 오후 6시
  (쉬는 날: 매주 ( ), 공휴일)

3. 도서 대출

- 서울도서관 ( )이 있으면 책을 빌릴 수 있어요.
- 권수: ( )권
- 기간: ( )일

4. 찾아오시는 길

- 지하철 1, 2호선 ( )역에서 5분

마. __________에 주의하면서 듣고 따라 해 봅시다 25-3

1. 시청역에서 서울도서관까지 걸어서 5분쯤 걸립니다.
2. 책을 빌리려면 회원증을 만들어야 합니다.
3. 이때 꼭 신분증이 필요합니다.

○ 읽은 내용을 가지고 서울도서관 직원과 도서관을 이용하는 학생이 되어서 대화를 만들어 봅시다.

직원 무엇을 도와 드릴까요?
학생 몇 가지 물어보고 싶은 게 있는데요.
직원 네, 물어보세요.
학생 책을 빌리려면 어떻게 해야 하나요?
직원 ______________________________.
학생 얼마 동안 빌릴 수 있나요?
직원 ______________________________.
학생 ______________________________?
직원 ______________________________
학생 ______________________________
직원 ______________________________
학생 ______________________________

26과 자전거를 빌려 올 테니까 잠깐만 기다리세요

준비 1

–아서/어서 그런지

백화점 앞에 사람이 많네요.

네, 세일을 해서 그런지 복잡하네요.

연습 1

다음과 같이 묻고 대답해 봅시다.

가 : 왜 과일이 비쌀까요?
나 : 글쎄요, 올해 비가 많이 안 와서 그런지 비싸네요.

1. 과일이 비싸다 / 올해 비가 많이 안 오다
2. 길이 막히다 / 놀러 가는 사람이 많다
3. 학교가 조용하다 / 기말시험이 끝나다
4. 학생들이 안 오다 / 날씨가 너무 춥다
5. 마트에 사람이 많다 / 명절 전이다
6. 병원에 사람이 많다 / 요즘 감기가 유행이다

· 올해
· 명절

연습 2

다음과 같이 대화를 해 봅시다.

> 가 : 어제 뭐 했어요?
> 나 : 공원에서 자전거를 탔어요.
> 가 : 그래요? 어땠어요?
> 나 : 오랜만에 타서 그런지 힘들었어요.

· 기대하다
· 긴장하다
· 실수하다

1. 공원에서 자전거를 타다 / 오랜만에 타다 – 힘들다
2. 등산하다 / 공기가 맑다 – 전혀 피곤하지 않다
3. 한강에서 유람선을 타다 / 바람이 불다 – 좀 춥다
4. 영화 '첫사랑'을 보다 / 기대를 많이 하다 – 별로 재미없다
5. 선생님 댁에 다녀오다 / 긴장하다 – 실수를 많이 하다
6. 토픽(TOPIK) 시험을 보다 / ______________ – 어렵다
7. 놀이공원에 갔다 오다 / ______________ – ______________

연습 3

한국에 와서 본 것에 대해 이유를 추측해서 친구와 이야기해 봅시다.

질문	대답	내가 생각하는 이유
한국 사람들은 무슨 음식을 자주 먹어요?	□삼겹살 □김치찌개 □라면 □김밥	아마……
한국 사람들은 어떻게 걸어요?	□빨리 걸어요 □천천히 걸어요	
한국 사람들은 무엇을 많이 타요?	□버스 □지하철 □택시 □자전거	
한국 사람들은 대중교통을 이용할 때 보통 뭐 해요?	□책을 봐요 □전화해요 □자요 □인터넷을 해요	
한국에는 뭐가 많은 것 같아요?	□영화관 □커피숍 □공원 □병원	
한국 사람들은 무슨 운동을 많이 하는 것 같아요?		
한국 사람들은 무엇을 자주 마시는 것 같아요?		

준비 2

–(으)ㄹ 테니까[2]

제가 계산할게요.

아니에요. 오늘 제가 살 테니까 투이 씨는 다음에 사세요.

연습 1

다음과 같이 묻고 대답해 봅시다.

1. **가** : 내일 파티에 갈 때 우리가 뭘 준비하면 좋을까요? (꽃을 사다)
   나 : 제가 꽃을 살 테니까 카오루 씨는 케이크를 준비하세요.

2. **가** : 여기가 우리 자리네요. 어디에 앉으시겠어요? (복도 쪽에 앉다)
   나 : 제가 ________________ 투이 씨는 창가 쪽에 앉으세요.

3. **가** : 여기에서 사진을 찍을까요? (찍어 드리다)
   나 : 좋아요. 제가 먼저 ________________ 카메라 주세요.

4. **가** : 선생님, 너무 빨라요. 한 번 더 읽어 주세요. (천천히 읽다)
   나 : 알겠어요. 다시 한 번 ________________ 잘 들어 보세요.

5. **가** : 집들이 준비를 해야 하는데 걱정이에요. (도와 드리다)
   나 : 제가 ________________ 걱정하지 마세요.

6. **가** : 제가 ____________ 오늘 저녁에 같이 영화 봐요. (표를 예매하다)
   나 : 좋아요. 그럼 제가 저녁을 살게요.

· 복도

연습 2

다음과 같이 대화를 해 봅시다.

가 : 우리 청소할까?
나 : 그래, 좋아.
가 : 내가 화장실을 청소할 테니까 너는 방을 청소해.
나 : 알았어. 그럼 내가 방을 청소할게.

· 소풍
· 샌드위치
· 휴가

1. 청소하다 / 화장실을 청소하다 – 방을 청소하다
2. 저 영화를 보다 / 영화표를 사다 – 팝콘과 콜라를 사다
3. 점심 먹으러 가다 / 오늘 점심을 사다 – 다음에 사다
4. 주말에 소풍 가다 / 샌드위치를 만들다 – 과일과 음료수를 준비하다
5. 라면 먹다 / 라면을 끓이다 – ______________
6. 휴가 때 여행 가다 / ______________ – ______________

연습 3

아래 메모를 보고 친구와 함께 다음과 같이 이야기해 봅시다.

· 자료
· 조사
· 환전
· 여행지
· 알아보다
· 나누다

〈집들이 준비〉
- □ 청소
  - 방 청소: ________
  - 화장실 청소: ________
- □ 음식
  - 시장: ________
  - 요리: ________
- □ 친구들에게 연락
- □ 집들이 후 정리
  - 청소: ________
  - 설거지: ________
  - 쓰레기 버리기: ________

〈발표 준비〉
- □ 자료 조사
  - 도서관: ________
  - 인터넷: ________
- □ 발표 준비
  - 사진 준비: ________
  - PPT 만들기: ________
- □ 발표: ________

〈여행 준비〉
- □ 예약
  - 비행기 표: ________
  - 호텔: ________
- □ 필요한 것 준비
  - 음식: ________
  - 카메라: ________
  - 약: ________
  - 환전: ________
- □ 여행지 정보 알아보기
  - 유명한 곳: ________
  - 식당: ________

가 : 우리 집들이 준비를 해야 하는데 일을 어떻게 나눌까?
나 : 내가 방을 청소할 테니까 너는 화장실을 청소해.
가 : 알았어. 음식 준비는 어떻게 할까?
⋮

대화

26-1

바트	날씨가 좋아서 그런지 공원에 사람이 많네요.
이리나	네, 자전거를 타는 사람도 많아요.
바트	재미있어 보여요. 우리도 자전거를 빌릴까요?
이리나	어디에서 빌리는지 알아요?
바트	네. 제가 자전거를 빌려 올 테니까 여기에서 잠깐만 기다리세요.
이리나	그럼 저는 음료수를 사 올게요.

확인해 봅시다

- 공원 안은 어떻습니까?
- 두 사람은 무엇을 할 것입니까?

다음 표현을 사용해서 위와 같이 대화를 만들어 봅시다.

· 광장
· 보트

날씨가 좋다	공원	자전거/ 빌리다	어디에서 빌리다	자전거를 빌려 오다 – 여기에서 잠깐만 기다리다	음료수를 사 오다
겨울 방학이다	광장	스케이트/ 타다	어떻게 타다	가르쳐 주다 – 한번 타 보다	점심을 사다
주말이다	한강	보트/ 타다	어디에서 표를 팔다	표를 사 오다 – 앉아서 기다리다	커피를 사 오다

활동

대여소 이용하기

○ 다음과 같은 상황에서 자전거를 빌리려고 합니다. 직원과 손님이 되어서 역할극을 해 봅시다.

〈자전거 빌리는 곳〉

	1인용	2인용
30분	6,000원	10,000원
1시간	10,000원	18,000원
10분 늦게 반납할 때	2,000원	3,000원

※ 자전거를 빌리실 때 신분증을 준비해 주세요.

※ 신분증이 없으면 보증금 5만 원을 내셔야 합니다.

듣고 말하기

◎ 생각해 봅시다

여러분은 한국에서 영화관에 가 봤습니까? 무슨 영화를 봤습니까? 표를 살 때 어떤 것들을 말했습니까?

◎ 들어 봅시다 26-2

가. 듣고 이야기해 봅시다.

1. 영화관은 어땠습니까?
2. 두 사람은 몇 시에 무슨 영화를 볼 것입니까?
3. 영화관에는 몇 시까지 들어가야 합니까?

나. 다시 한 번 듣고 맞으면 ○, 틀리면 × 하십시오.

1. 두 사람은 '두 남자 이야기'를 보고 싶었지만 표가 없었습니다. (   )
2. 두 사람은 앞자리에서 영화를 볼 것입니다. (   )
3. 이리나 씨는 할인 카드가 있어서 표를 싸게 샀습니다. (   )

다. 잘 듣고 빈칸에 써 봅시다. 26-3

제프리 이리나 씨는 ____________________를 보고 싶어요?

이리나 음, '두 남자 이야기'는 ____________________ 영화예요?

제프리 네, 그런 것 같아요.

이리나 액션 영화는 ____________________ 좋아하는데…….

제프리 그럼 '실수' 볼까요? '실수'는 ________________ 영화예요.

이리나 좋아요. 지금 세 시니까……, 세 시 반 영화를 봐요.
제가 ____.

제프리 아니에요. 제가 살게요.

이리나 아니에요. 제가 ______________________________
제프리 씨는 ___________________________________.

라. 잘 듣고 문장을 완성해 봅시다. 26-4

직원	어서 오세요.
이리나	'실수' 세 시 반으로 ________________.
직원	알겠습니다. 손님, ____________ 세 시 반 영화는 제일 앞자리밖에 없는데요. ________________?
이리나	그래요? 앞자리는 좀 불편할 것 같은데······ ________________________.
직원	네, 알겠습니다. '실수' 세 시 반으로 두 장 ________. 할인 카드 있으세요?
이리나	네, 여기요.

인터넷으로 학교 근처 영화관의 영화 상영 시간표를 찾아봅시다. 그 시간표를 보고 친구와 함께 영화관 매표소 직원과 손님이 되어서 표를 구입해 봅시다.

27과 세종대왕을 기념하기 위해서 만들었어요

준비 1

–는/(으)ㄴ 줄 알다

누구세요?

아, 죄송해요. 제 친구인 줄 알았어요.

연습 1

다음과 같이 묻고 대답해 봅시다.

· 끼다
· 직접

1. **가 :** 학생, 여기에서 사진을 찍으면 안 돼요. (사진을 찍어도 되다)
   나 : 죄송해요. 사진을 찍어도 되는 줄 알았어요 .
2. **가 :** 일요일이어서 그런지 가게 문을 닫았네요. (문을 열다)
   나 : 주말에도 ______________________. 월요일에 다시 와요.
3. **가 :** 날씨가 맑은데 왜 우산을 가지고 왔어요? (비가 오다)
   나 : 집에서 나올 때 날씨가 흐려서 ______________________.
4. **가 :** 인사하세요. 이 사람이 제 남편이에요. (결혼 안 하다)
   나 : 그래요? 반지를 안 껴서 ______________________.
5. **가 :** 직접 와서 보니까 방이 좀 작네요. (방이 크다)
   나 : 네, 저도 사진에서 볼 때는 ______________________.
6. **가 :** 한 번에 오는 버스가 있는데 왜 지하철을 탔어요? (버스가 없다)
   나 : 그래요? 몰랐어요. ______________________.
7. **가 :** 외국 사람이세요? 한국말을 너무 잘해서
   ______________________. (한국 사람이다)
   나 : 아니에요. 아직 많이 배워야 해요.

연습 2

다음과 같이 대화를 해 봅시다.

가 : 고향에 잘 다녀왔어요?
나 : 고향요? 안 갔는데요.
가 : 그래요? 저는 ________ 씨가 고향에 간 줄 알았어요.
나 : 아니에요. 제주도에 다녀왔어요.

1. 고향에 잘 다녀왔다 / 고향 – 안 갔다 / 제주도에 다녀왔다
2. 토픽(TOPIK) 시험을 잘 봤다 / 시험 – 안 봤다 / 신청을 못 했다
3. 기숙사 생활이 재미있다 / 기숙사 – 거기에서 안 살다 / 원룸에서 살다
4. 미나 씨 결혼식에 갈 것이다 / 미나 씨 결혼식 – 모르다 / 처음 듣다
5. 주말에 여자 친구를 만났다 / 여자 친구 – 없다 / 몇 달 전에 헤어졌다
6. 회사에 잘 다니다 / 회사 – 아직 학생이다 / 지금 대학교 3학년이다

연습 3

다음과 같은 상황에서 친구와 이야기해 봅시다.

· 결혼기념일

친구의 생일 파티를 준비했는데 잘못 알고 있는 것이 많았습니다.	남편이 결혼기념일 케이크를 준비했습니다. 그런데 잘못 알고 있는 것이 많았습니다.	친구와 등산 약속을 했는데 잘못 알고 있는 것이 많았습니다.
생일 오늘(×) 내일(○)	**결혼기념일**	**약속 시간**
나이 18세(×) 19세(○)	**처음 데이트한 곳**	**약속 장소**
좋아하는 음식	**아내가 좋아하는 선물**	**준비물**

준비 2

–기 위해서

요즘 도서관에 자주 가네요.

네, 좋은 회사에 취직하기 위해서 열심히 공부하고 있어요.

연습 1

다음과 같이 묻고 대답해 봅시다.

가 : 왜 음악 학원에 다녀요?
나 : 가수가 되기 위해서 음악 학원에 다녀요.

· 학비
· 노약자

1. 음악 학원에 다니다 / 가수가 되다
2. 아르바이트를 하다 / 학비를 벌다
3. 영어 시험을 보다 / 좋은 회사에 취직하다
4. 날마다 운동하다 / 건강해지다
5. 큰 소리로 책을 읽다 / 발음이 좋아지다
6. 공원에서 담배를 피우면 안 되다 / 다른 사람들
7. 노약자석에 앉으면 안 되다 / 노약자

연습 2

다음과 같이 대화를 해 봅시다.

가 : 요즘 뭐 해요?
나 : 아르바이트해요.
가 : 왜 아르바이트를 해요?
나 : 경험을 쌓기 위해서 아르바이트를 해요.

· 경험
· 쌓다
· 장학금
· 그동안

1. 요즘 뭐 하다 / 아르바이트하다 / 경험을 쌓다
2. 졸업한 다음에 뭐 할 것이다 / 미국에 갈 것이다 / 영어를 더 배우다
3. 왜 그렇게 열심히 공부하다 / 꼭 1등을 해야 하다 / 장학금을 받다
4. 왜 밥을 안 먹다 / 다이어트하고 있다 / 예뻐지다
5. 왜 요즘 담배를 피우지 않다 / 담배를 끊었다 / 건강
6. 그동안 모은 돈으로 뭐 하고 싶다 / 집을 사고 싶다 / 가족

연습 3

여러분은 다음과 같은 사람에게 무슨 질문을 하겠습니까? 여러분이 기자가 되어 질문을 생각해 보고 인터뷰를 해 봅시다.

· 올림픽
· 부자
· 노력

토픽 6급을 받은 유학생	유명한 배우	올림픽 대회에서 1등을 한 수영 선수	세계에서 제일 돈을 많이 번 부자

대화

27-1

제프리	와, 여기가 광화문광장이에요?
윤아	네. 와 보니까 어때요?
제프리	책에서 볼 때는 작은 줄 알았어요. 그런데 넓고 사람도 많네요.
윤아	이게 세종대왕 동상이에요.
제프리	아, 책에서 봤어요. 세종대왕을 기념하기 위해서 만들었지요?
윤아	맞아요. 제가 사진을 찍어 드릴 테니까 동상 앞에 서 보세요.

확인해 봅시다

- ✔ 광화문광장은 어떻습니까?
- ✔ 두 사람은 광화문광장에서 무엇을 봤습니까?

○ 다음 표현을 사용해서 위와 같이 대화를 만들어 봅시다.

광화문 광장	작다 / 넓고 사람도 많다	이게 세종대왕 동상이다	세종대왕을 기념하다	동상
서울 광장	조용한 곳이다 / 차가 많고 복잡하다	저게 서울 도서관이다	서울 시민들	도서관
하늘 공원	예쁘지 않다 / 경치가 정말 아름답다	저게 월드컵 경기장이다	2002년 월드컵을 열다	경기장

· 광화문광장
· 세종대왕
· 동상
· 기념하다
· 서울광장
· 시민
· 하늘공원
· 월드컵경기장

활동

특별한 장소 소개하기

- 다음은 세계에서 유명한 곳입니다. 여러분 나라에서는 어떤 곳이 유명합니까? 그곳을 다음과 같이 소개해 봅시다.

이곳은 월드컵공원입니다. 월드컵공원은 상암동에 있습니다.
2002년 한일 월드컵을 기념하기 위해서 이 공원을 만들었습니다.

⋮

- 친구의 발표 내용과 내가 알고 있는 것이 같습니까? 다른 것이 있으면 함께 이야기해 봅시다.

읽고 쓰기

○ 생각해 봅시다

여러분은 서울에서 어디를 구경해 봤습니까? 여러분이 가 본 곳을 친구에게 설명해 줄 수 있습니까?

○ 읽어봅시다 27-2

다음은 제프리 씨가 율리아 씨에게 보낸 이메일입니다.

× 삭제 | 답장 | 전체답장 | 전달 | 저장

제 목	저 제프리예요
보낸사람	jfree@hanaver.com
받는사람	happylia@gemail.com
보낸날짜	2016-10-18 23:40

율리아 씨에게,

그동안 잘 지냈어요?

한국은 이제 가을이 되었어요. 한국의 가을은 날씨가 좋고 단풍이 아주 예뻐요. 요즘 저는 가을 경치를 구경하기 위해서 여기저기 놀러 다녀요. 그래서 좀 바쁘게 지내고 있어요.

지난 주말에는 광화문광장에 갔다 왔어요. 거기에 가니까 율리아 씨 생각이 많이 났어요. 우리 지난여름에 같이 가려고 했는데 계속 비가 와서 못 갔지요? 저는 광화문광장이 작은 줄 알았어요. 그런데 가서 보니까 아주 넓고 사람도 많았어요. 저는 세종대왕의 동상 앞에서 사진을 찍었어요. 그때 찍은 사진을 파일로 보내 드릴게요. 사진에서 경복궁도 한번 찾아보세요.

광화문광장을 구경하고 나서 세종문화회관에도 가 봤어요. 거기에서는 다양한 공연을 하고 있었어요. 보고 싶은 공연이 하나 있었는데 같이 볼 사람이 없어서 그냥 왔어요. 이럴 때는 저도 여자 친구가 있었으면 좋겠어요.

율리아 씨, 대학교 생활은 어때요? 한국에 다시 올 계획은 없어요? 한국에 있을 때 만난 친구들이 보고 싶지 않아요? 율리아 씨가 어떻게 지내고 있는지 궁금해요. 꼭 답장해 주세요.

기다릴게요~

제프리가

사진

· 이제
· 세종문화회관
· 공연
· 궁금하다
· 답장하다

가. 읽고 이야기해 봅시다.

1. 지금 한국은 무슨 계절입니까? 이 계절은 어떻습니까?
2. 지난주에 제프리 씨는 어디에 가서 무엇을 했습니까?
3. 제프리 씨는 왜 공연을 안 봤습니까?

나. 윗글을 읽고 맞으면 ○, 틀리면 × 하십시오.

1. 제프리 씨는 요즘 아르바이트를 하기 때문에 바쁩니다. (   )
2. 제프리 씨는 율리아 씨와 같이 광화문광장에 가 봤습니다. (   )
3. 광화문광장은 제프리 씨 생각보다 컸습니다. (   )

다. ________에 주의하면서 듣고 따라 해 봅시다. 27-3

1. 한국의 가을은 날씨가 좋고 단풍이 아주 예뻐요.
2. 저도 여자 친구가 있었으면 좋겠어요.
3. 한국에 다시 올 계획은 없어요?

라. 위에서 읽은 이메일을 두 사람의 전화 대화로 바꿔서 말해 봅시다.

율리아 여보세요.
제프리 여보세요. 율리아 씨, 저 제프리인데요.
율리아 어머, 제프리 씨, 오래간만이네요. 요즘 어떻게 지내요?
제프리 ________
율리아 ________
제프리 ________
율리아 ________
제프리 ________
율리아 ________
제프리 ________
율리아 ________

○ 율리아 씨는 제프리 씨의 이메일을 받고 기분이 어떨 것 같습니까?
여러분이 율리아 씨가 되어서 제프리 씨에게 답장을 써 봅시다.

× 삭제 | 답장 | 전체답장 | 전달 | 저장

제 목

보낸사람

받는사람

보낸날짜

28과 저는 아무거나 괜찮아요

준비 1

아무 ~(이)나

김밥을 먹을까요? 샌드위치를 먹을까요?

저는 아무거나 괜찮아요.

연습 1

보기 에서 골라 다음과 같이 묻고 대답해 봅시다.

보기

아무거나, 아무 때나, 아무 데나, 아무나

1. 가 : 무슨 색 볼펜을 빌려 드릴까요?
   나 : 다 괜찮아요. 아무거나 빌려주세요.
2. 가 : 어디에 앉을까요?
   나 : 자리가 많으니까 ______________ 앉읍시다.
3. 가 : 언제 집에 놀러 갈까요?
   나 : 요즘 한가하니까 ______________ 놀러 오세요.
4. 가 : 식당이 많네. 어디에 갈까?
   나 : 배가 고프니까 ______________ 빨리 들어가자.
5. 가 : 언제 전화할까요?
   나 : 오늘 하루 종일 집에 있으니까 ______________ 전화하세요.
6. 가 : 오늘 뭘 입을까요?
   나 : 다 잘 어울리니까 ______________ 입으세요.
7. 가 : 제가 바쁜데 학생증을 받으러 ______________ 가도 돼요?
   나 : 다른 사람이 오면 안 돼요. 학생이 직접 와서 받아야 해요.

· 한가하다

연습 2

다음과 같이 대화를 해 봅시다.

가 : 우리 뭐 먹을까요?
나 : 다 괜찮아요. 아무거나 먹어요.
가 : 비빔밥은 어때요?
나 : 좋아요. 비빔밥을 먹어요.

1. 뭐 먹다 / 비빔밥
2. 무슨 영화 보다 / 액션 영화
3. 언제 만나다 / 토요일
4. 언제 밥 먹다 / 이따가 2시쯤
5. 어디에 앉다 / 창가 자리
6. 어디로 여행 가다 / 부산
7. 누구를 부르다 / 제프리 씨

연습 3

아래 장소에서 해도 되는 것과 하면 안 되는 것을 다음과 같이 친구와 이야기해 봅시다.

교실 | 공연장 | 공원 | 동물원 |

가 : 교실에서 아무 데나 앉아도 돼요?
나 : 네, 아무 데나 앉아도 돼요.
가 : 그럼 아무 때나 먹어도 돼요?
나 : 아니요, 아무 때나 먹으면 안 돼요. 쉬는 시간에만 먹어야 해요.
⋮

준비 2

에다가

어디에 시계를 걸까요?

저 벽에다가 걸어요.

연습 1

다음과 같이 묻고 대답해 봅시다.

가 : 어디에 서명할까요?
나 : 이름 옆에다가 서명하세요.

1. 서명하다 / 이름 옆
2. 액자를 놓다 / 책상 위
3. 생선을 넣다 / 냉동실
4. 꽃을 꽂다 / 예쁜 컵
5. 전화번호를 적다 / 이 종이
6. 반찬을 덜다 / 개인 접시
7. 빈 병을 버리다 / 재활용 쓰레기통

· 벽
· 걸다
· 액자
· 생선
· 냉동실
· 꽂다
· 종이
· 덜다
· 개인
· 접시
· 비다
· 재활용

연습 2

다음과 같이 대화를 해 봅시다.

가 : 여기에 음식 쓰레기를 버려도 돼요?
나 : 아니요, 여기에 버리면 안 돼요.
가 : 그럼 어디에다가 버려야 해요?
나 : 음식 쓰레기통에다가 버리세요.

1. 음식 쓰레기를 버리다 / 음식 쓰레기통
2. 가방을 놓다 / 자리 아래
3. 빈 그릇을 놓다 / 반납하는 곳
4. 동아리 안내문을 붙이다 / 사무실 앞 게시판
5. 뜨거운 음식을 담다 / 유리 그릇
6. 옷을 걸다 / 문 옆에 있는 옷걸이

· 안내문
· 붙이다
· 반납하다
· 담다
· 유리
· 옷걸이

연습 3

아래 그림을 보고 도서관에서 지켜야 할 것에 대해서 친구와 이야기해 봅시다.

대화

28-1

알렉세이 공연 전에 잠깐 커피를 마실까요? 뭐 드시겠어요?

마키 저는 아무거나 괜찮아요. 그런데 음료수를 가지고 들어가도 돼요?

알렉세이 아마 안 될 거예요. 빨리 마시고 들어갑시다.

마키 네. 휴대 전화는 껐어요?

알렉세이 그럼요. 조금 전에 꺼서 가방에다가 넣었어요.

마키 어! 곧 시작하겠어요. 어서 들어가요.

확인해 봅시다

- ✔ 두 사람은 무엇을 하러 왔습니까?
- ✔ 공연장에서 지켜야 할 것은 무엇입니까?

○ 다음 표현을 사용해서 위와 같이 대화를 만들어 봅시다.

커피를 마시다	음료수를 가지고 들어가다	휴대 전화는 끄다	가방
빵을 먹다	공연을 보면서 음식을 먹다	표는 찾다	지갑
차를 마시다	조금 늦게 들어가다	휴대 전화는 끄다	주머니

활동

공공장소 예절에 대해 말하기

◯ 여러분은 공공장소에서 예절을 잘 지킵니까? 친구와 같이 이야기해 봅시다.

나의 예절 점수는 몇 점일까요?

번호	공공장소에서 지켜야 할 예절	그렇지 않아요	가끔 그래요	자주 그래요
1	도서관에서 휴대 전화를 사용합니까?	2	1	0
2	아무 데나 휴지를 버립니까?	2	1	0
3	걸어가면서 담배를 피웁니까?	2	1	0
4	교실 책상에다가 그림을 그립니까?	2	1	0
5	지하철이나 버스에서 큰 소리로 전화합니까?	2	1	0
6	박물관이나 미술관에서 사진을 찍습니까?	2	1	0
7	도서관 책에다가 글씨를 씁니까?	2	1	0
8	길에다가 침을 뱉습니까?	2	1	0
9	껌을 씹은 후에 아무 데나 버립니까?	2	1	0
10	줄을 설 때 끼어듭니까?	2	1	0
11	영화를 보면서 옆 사람과 시끄럽게 이야기합니까?	2	1	0
12	공원에서 큰 소리로 음악을 듣습니까?	2	1	0
13	엘리베이터를 탈 때 다른 사람이 내리기 전에 탑니까?	2	1	0
합계		______ 점		

◯ 여러분의 점수는 몇 점입니까? 다음을 읽고 바꿔야 할 행동이 있으면 말해 봅시다.

20–26점 공공장소에서 예절을 잘 지키고 있습니다. 지금처럼 생활하세요.
10–19점 다른 사람들을 생각하면서 습관을 조금 바꿔 보세요.
0–9점 사람들이 싫어하는 행동을 많이 합니다.
공공장소 예절을 잘 지키세요.

◯ 우리 반에서 공공장소 예절을 가장 잘 지키는 사람은 누구입니까? 반 친구들과 이야기해 봅시다.

읽고 쓰기

생각해 봅시다

여러분은 다른 사람들이 공공장소 예절을 지키지 않아서 기분 나쁜 일이 있었습니까?

읽어 봅시다 28-2

오늘 저는 저녁을 먹고 나서 집 근처에 있는 공원에 갔습니다. 공원에는 산책하는 사람들이 많았습니다. 주말이어서 그런지 다른 날보다 좀 복잡했습니다.

저는 음악을 들으면서 산책 길을 걸었습니다. 그때 저쪽에서 한 아이가 자전거를 타고 빠른 속도로 오고 있었습니다. 저는 비키려고 했지만 자전거가 너무 빨랐습니다. 그래서 아이와 함께 넘어졌습니다. 다리가 너무 아팠습니다. 아이가 미안하다고 했지만 기분은 안 좋았습니다. 저는 아이에게 산책 길에서는 자전거를 타면 안 된다고 말해 줬습니다.

저는 기분을 바꾸려고 빠른 노래를 들으면서 다시 걸었습니다. 그런데 조금 걷다가 이번에는 똥을 밟았습니다. 강아지 똥인 것 같았습니다. 화가 났습니다. 두 번이나 기분 나쁜 일이 생겨서 더 산책하고 싶지 않았습니다.

집으로 돌아오기 전에 운동화를 씻으러 화장실에 갔습니다. 사람들이 바닥에다가 쓰레기를 버려서 화장실도 아주 더러웠습니다. 아무 데나 버린 쓰레기를 보니까 저는 더 기분이 나빠졌습니다.

오늘 산책은 정말 잊어버리고 싶습니다. 다른 사람을 위해서 서로 조심하면 모두 즐겁게 산책할 수 있을 겁니다. 다른 사람을 생각하면서 모두 공공장소 예절을 잘 지켰으면 좋겠습니다.

- 산책길
- 속도
- 비키다
- 넘어지다
- 똥
- 밟다
- 바닥
- 잊어버리다
- 서로
- 공공장소

가. 읽고 이야기해 봅시다.

1. 공원이 어땠습니까?
2. 이 사람이 산책하는 동안 무슨 일이 있었습니까?
3. 공원 화장실이 어땠습니까?

나. 윗글을 읽고 맞으면 ○, 틀리면 × 하십시오.

1. 이 사람은 산책 길에서 자전거를 탔습니다. (　)
2. 이 사람은 화장실에서 강아지 똥을 밟았습니다. (　)
3. 이 사람은 산책을 끝내지 못하고 집으로 돌아왔습니다. (　)

다. ________에 주의하면서 듣고 따라 해 봅시다. 28-3

1. 주말이어서 그런지 다른 날보다 좀 복잡했습니다.
2. 저는 음악을 들으면서 산책 길을 걸었습니다.
3. 조금 걷다가 이번에는 똥을 밟았습니다.

라. 친구와 역할극을 해 봅시다.

룸메이트　________ 씨, 산책 가지 않았어요? 왜 이렇게 빨리 돌아왔어요?
나　________
룸메이트　________
나　________
룸메이트　________
나　________
룸메이트　________
나　________
룸메이트　________

○ 윗글을 읽고 친구와 함께 공원 이용 안내문을 만들어 봅시다.

<공원 이용 안내문>

산책 길에서 자전거를 타면 안 돼요.

문화 Culture

One-stop 외국인 종합 지원 센터 : 서울글로벌센터
One-stop foreigner support center : Seoul Global Center

If you live in a foreign country, you would experience many difficulties until you get to know the country and the language well. For helping foreigners, Seoul Global Center provides essential information such as visa, driver's license, and communication for foreigners including foreign students to live comfortably as they are living in their own country, and they offer consulting in 10 languages that include English, Chinese, Japanese, Mongolian, Vietnamese, Russian, etc. Also, they provide various cultural programs such as experiencing Korean culture and international cultural festivals. There are 7 Global Village Centers located at places where there are many foreigners, so that they can socialize at public places.

Location: Seoul Global Center Building 4~6 floor, Jongno 38, Jongno-gu, Seoul
Telephone number: 02-2075-4180
Business hour: 09:00~18:00 (Monday~Friday)
Homepage: http://global.seoul.go.kr

해 봅시다.
Let's try.

1. 서울글로벌센터에서 제공하는 다양한 한국 문화 체험 및 글로벌 콘서트에 참가해 봅시다.
   Let's participate in various Korean cultural experiences and global concerts provided by the Seoul Global Center.

2. 서울에 위치한 7개의 글로벌 빌리지 센터를 찾아보고 가까운 글로벌 빌리지 센터를 방문해 봅시다.
   Let's find the locations of 7 Global Village Centers and visit the nearest one.

경험

29과

저도 작년에 본 적이 있어요

문법 -(으)ㄴ 적이 있다/없다, 에 비해서

30과

이번 주말에 사러 가야겠어요

문법 -기로 하다, -아야겠다/어야겠다

31과

아무 말도 못 했어요

문법 -(으)ㄹ래요?, 아무 ~도

32과

손님이 많이 오는 편이에요

문법 -는/(으)ㄴ 편이다, -기는 하지만

29과 저도 작년에 본 적이 있어요

준비 1

–(으)ㄴ 적이 있다/없다

이리나 씨, 저 가수를 어떻게 알아요?

한 번 만난 적이 있어요.

연습 1

다음과 같이 묻고 대답해 봅시다.

가 : 한국 영화를 본 적이 있어요?
나 : 네, 본 적이 있어요./아니요, 본 적이 없어요.

· 해외여행

1. 한국 영화를 보다
2. 좋아하는 가수를 만나다
3. 길에서 넘어지다
4. 약속 시간을 잊어버리다
5. 한국 친구 집에 초대를 받다
6. 그 이야기를 듣다
7. 해외여행을 해 보다
8. 불고기를 만들어 보다

연습 2

다음과 같이 대화를 해 봅시다.

가 : ________ 씨, 찜질방에 간 적이 있어요?
나 : 네, 작년에 친구들이랑 간 적이 있어요.
가 : 어땠어요?
나 : ____________________.

1. 찜질방에 가다
2. 한국 음식을 만들다
3. 수술을 받다
4. 혼자 여행을 하다
5. 모르는 사람을 도와주다
6. 불꽃놀이를 구경하다
7. 교통사고가 나다

· 수술
· 불꽃놀이
· 교통사고

연습 3

우리 반에 다음과 같은 경험을 한 사람이 있습니까? 친구와 이야기해 봅시다.

· 번지 점프

병원에 입원하다	텔레비전에 나오다
번지 점프를 하다	유명한 사람을 만나다
지갑을 잃어버리다	지하철을 잘못 타다
한국 사람과 싸우다	

준비 2

에 비해서

이 안경 어때?

얼굴에 비해서 큰 것 같아.

연습 1

다음과 같이 묻고 대답해 봅시다.

가 : 이 모자 어때요?
나 : 얼굴에 비해서 작은 것 같아요.

1. 이 모자 / 얼굴 – 작다
2. 이 가방 / 가격 – 품질이 좋다
3. 그 과자 / 값 – 양이 적다
4. 기숙사 / 사람 수 – 방이 좁다
5. 교실 / 학생 수 – 책상이 많다
6. 그 아이 / 나이 – 키가 크다
7. 이 노래방 / 요금 – 분위기가 좋다

· 가격
· 품질
· 양
· 수

연습 2

다음과 같이 대화를 해 봅시다.

가 : 다음 주에 친구하고 저녁 식사를 하려고 하는데
서울식당이 좋을까요? 명동식당이 좋을까요?
나 : 명동식당이 더 좋을 것 같아요.
가 : 하지만 서울식당이 더 넓어요.
나 : 맞아요. 그런데 서울식당에 비해서 명동식당이 더 맛있어요.

		가		나	
1	친구하고 저녁 식사	서울식당	넓다	명동식당	맛있다
2	친구 생일 파티	신촌			가깝다
3	부모님과 여행	제주도	유명하다		
4	쇼핑		싸다		물건이 많다
5	친구와 시험공부		조용하다		넓다

연습 3

· 서비스

다음에 대해서 친구와 이야기해 봅시다.

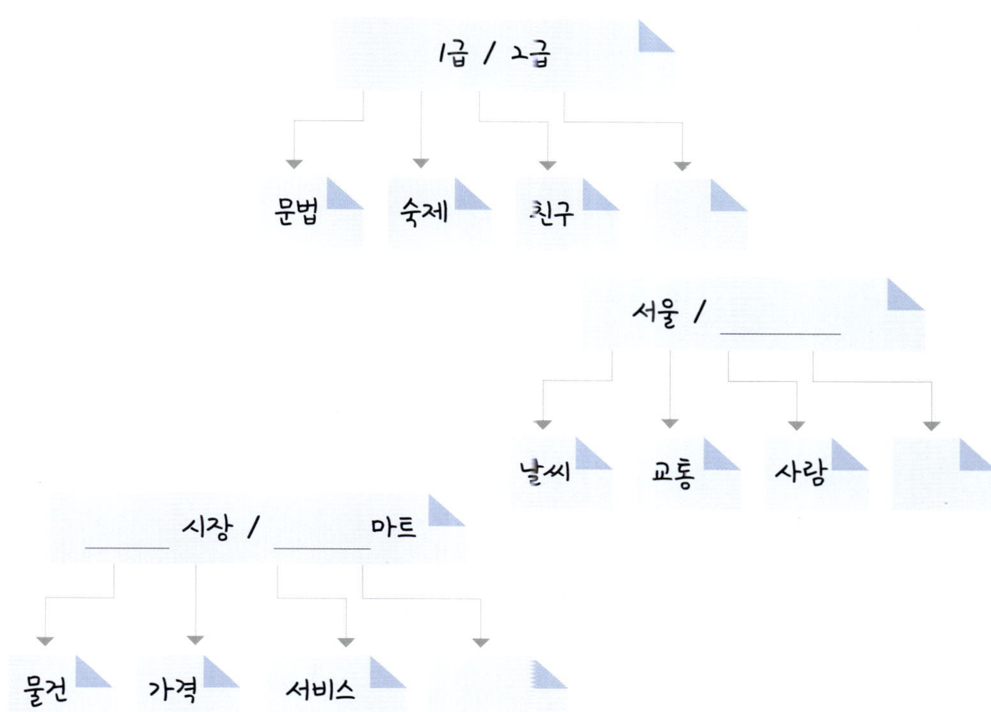

대화

29-1

압둘라	간토야 씨, 주말에 뭐 했어요?
간토야	명동에 가서 공연을 봤는데 정말 재미있었어요.
압둘라	무슨 공연을 봤어요?
간토야	'난타'를 봤어요.
압둘라	그래요? 저도 작년에 본 적이 있어요. 아주 기억에 남는 공연이었어요.
간토야	저도 그랬어요. 그리고 다른 공연에 비해서 이해하기가 쉬웠어요.

확인해 봅시다

- ✔ 간토야 씨는 주말에 무엇을 했습니까?
- ✔ 공연은 어땠습니까?

○ 다음 표현을 사용해서 위와 같이 대화를 만들어 봅시다.

· 탈춤
· 국립 극장
· 북
· 장구
· 신나다

명동 / 공연을 보다	난타 	기억에 남다	이해하다
경복궁 / 한국 춤을 배우다	탈춤 	재미있다	따라 하다
국립극장 / 한국 악기를 배우다	북 / 장구 	신나다	배우다

활동

특별한 경험 말하기

○ 지금까지 여러분이 한 경험 중에서 이상하거나 특별한 경험이 있습니까?
다른 사람에게는 없는 나만의 특별한 경험을 친구에게 소개해 봅시다.

언제 / 어디 / 누구하고 / 무엇

이런 일을 한 적이 있어요.

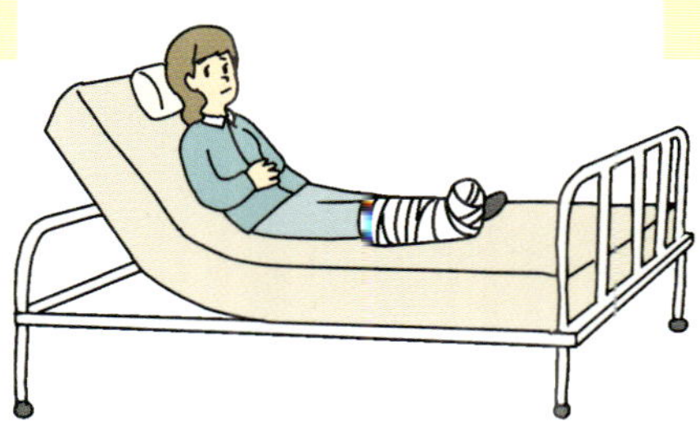

○ 가장 특별한 경험을 한 친구는 누구입니까?

이름	재미있었습니까?	특별한 경험이었습니까?	친구가 이야기를 잘 했습니까?	점수
	5 4 3 2 1	5 4 3 2 1	5 4 3 2 1	
	5 4 3 2 1	5 4 3 2 1	5 4 3 2 1	
	5 4 3 2 1	5 4 3 2 1	5 4 3 2 1	
	5 4 3 2 1	5 4 3 2 1	5 4 3 2 1	
	5 4 3 2 1	5 4 3 2 1	5 4 3 2 1	

듣고 쓰기

◯ 생각해 봅시다

여러분은 제주도에 가 본 적이 있습니까? 제주도는 무엇으로 유명합니까?

◯ 들어 봅시다 29-2

가. 듣고 이야기해 봅시다.

1. 요즘 이리나의 생활은 어떻습니까?
2. 카오루는 제주도에서 무엇을 했습니까?
3. 카오루는 제주도에서 무엇을 먹었습니까?

나. 다시 한번 듣고 맞으면 ○, 틀리면 × 하십시오.

1. 이리나는 한국 여행을 자주 합니다. ( )
2. 카오루는 제주도에서 수영과 등산을 했습니다. ( )
3. 한라산 꼭대기에 맛있는 흑돼지 식당이 있습니다. ( )

다. 잘 듣고 빈칸에 써 봅시다. 29-3

이리나 매일 ________ 생활이에요. 학교 가서 공부하고 집에 와서 ________ 주말에 ________ 특별한 일이 없으니까 좀 ________.

카오루 그럼 다음 주에 ________이 있으니까 여행을 한번 해 보세요.

이리나 제가 한국어를 잘 못해서 여행하는 게 좀 ________. 제주도에 가 보고 싶은데……. 카오루 씨는 제주도에 ________ 있어요?

· 산꼭대기
· 흑돼지

라. 잘 듣고 문장을 완성해 봅시다. 29-4

이리나 한라산요? 힘들지 않았어요?

카오루 저는 등산을 ______________ 좀 힘들었어요.
하지만 ______________.

이리나 아, 저도 한번 가 보고 싶어요 그런데 제주도 음식은 어때요?
______________?

카오루 제주도는 흑돼지가 유명해요.
______________.
조금 비싸지만 정말 맛있어요.

○ 여러분이 가 본 적이 있는 여행지에 대해 써 봅시다.

언제 갔어요?	
어디에/누구하고 갔어요?	
무엇을 했어요?	
뭐가 재미있었어요?	
무엇을 추천해 주고 싶어요?	

30과 이번 주말에 사러 가야겠어요

준비 1

–기로 하다

같이 저녁을 먹을까요?

미안해요. 저녁에 친구하고 만나기로 했어요.

연습 1

다음과 같이 묻고 대답해 봅시다.

가 : 주말에 약속이 있어요?
나 : 네, 친구와 영화를 보기로 했어요.

1. 친구와 영화를 보다
2. 동아리 친구들과 등산을 하다
3. 기숙사 대청소를 하다
4. 여자/남자 친구랑 점심을 먹다
5. 친구들과 파티 음식을 만들다
6. 친구의 이사를 돕다
7. 친구와 노래방에서 노래를 부르다

· 대청소

연습 2

다음과 같이 대화를 해 봅시다.

가 : ________ 씨, 오늘 시간 있어요?
나 : 미안해요. 친구하고 쇼핑하기로 했어요.
가 : 그럼 내일은 어때요?
나 : ____________________________.

· 마중
· 시합
· 응원하다
· 상담하다

1. 친구하고 쇼핑하다
2. 선배랑 저녁을 먹다
3. 민호 씨 생일 파티에 가다
4. 부모님을 마중하러 공항에 가다
5. 동아리 축구 시합을 응원하다
6. 선생님과 상담하다
7. 남자 친구와 공연을 보다

연습 3

그림을 보고 아래와 같이 이야기해 봅시다.

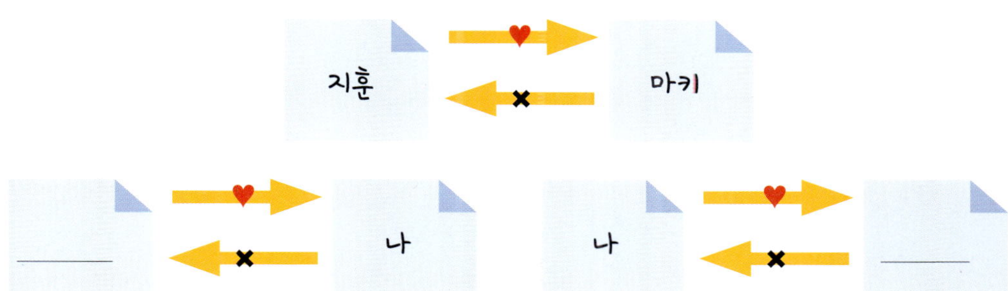

지훈	마키 씨, 이번 주말에 뭐 해요?
마키	왜요? 무슨 일 있어요?
지훈	시간이 있으면 같이 영화를 볼까요?
마키	미안해요. 이번 주말에 친구하고 등산하기로 했어요.
지훈	그럼 다음 주말에는 어때요?

⋮

준비 2

-아야겠다/어야겠다

오늘은 김치찌개를 먹을까요?

김치찌개를 먹고 싶어요? 그럼 두부를 좀 사야겠어요.

연습 1

다음과 같이 묻고 대답해 봅시다.

· 안색
· 푹
· 규칙적
· 기침

1. 가 : 마키 씨 생일 선물 준비했어요? (수업 후에 백화점에 가다)
   나 : 아직 못 샀는데⋯⋯. 수업 후에 백화점에 가야겠어요.
2. 가 : 많이 아파요? 안색이 안 좋아요. (약을 먹고 푹 쉬다)
   나 : 네, 감기에 걸렸어요. ______________________.
3. 가 : 힘들어 보여요. (규칙적으로 운동을 하다)
   나 : 네, 운동을 안 해서 그런 것 같아요. ______________________.
4. 가 : 얼굴이 왜 그래요? (앞으로는 조심하다)
   나 : 어제 길에서 넘어져서 다쳤어요. ______________________.
5. 가 : 기침을 많이 하시네요. (담배를 피우지 말다)
   나 : 네, 요즘 계속 기침이 나와요. ______________________.
6. 가 : 무슨 걱정이 있어요?
   나 : 아침에 창문을 열고 나온 것 같아요. ______________________.
7. 가 : 새 옷을 입으셨네요.
   나 : 이 옷이 좀 작아 보이지요? ______________________.

연습 2

다음과 같이 대화를 해 봅시다.

가 : ________ 씨, 오후에 뭐 할 거예요?
나 : 집에 있을 거예요.
가 : 날씨가 좋으니까 밖에 한번 나가 보세요.
나 : 숙제가 많아서요. 집에서 숙제해야겠어요.

1. 집에 있다 / 숙제가 많다 – 집에서 숙제하다
2. 도서관에 있다 / 너무 덥다 – 도서관에서 책을 읽다
3. 기숙사에서 자다 / 피곤하다 – 기숙사에서 쉬다
4. 커피숍에 가다 / 발표가 있다 – 발표 준비를 하다
5. 집에 있다 / 집이 지저분하다 – ________________
6. 집에 있다 / 친구가 오기로 하다 – ________________

· 지저분하다

연습 3

다음에 대해서 친구와 이야기해 봅시다.

여자/남자 친구와 싸우다

시험을 못 보다

잠을 못 자다

부모님한테 혼나다

가 : ________ 씨, 기분이 안 좋아 보여요. 무슨 일 있어요?
나 : 어제 여자 친구와 싸워서 그래요.
가 : 왜 싸웠어요?
나 : 여자 친구 생일을 잊어버렸거든요. 앞으로는 기념일을 꼭 기억해야겠어요.

· 혼나다
· 기념일

대화

30-1

카오루	이리나 씨, 제주도에 갈 준비는 다 했어요?
이리나	아직 다 못 했어요. 비행기와 호텔만 예약했어요.
카오루	제주도에서는 어떻게 다닐 거예요?
이리나	차를 빌리려고 해요. 친구가 운전을 하기로 했어요.
카오루	제주도는 더우니까 모자를 꼭 준비하세요. 그리고 선글라스도 가지고 가야 해요.
이리나	모자는 없는데……. 이번 주말에 사러 가야겠어요.

확인해 봅시다

- 이리나 씨는 제주도에서 어떻게 다닐 겁니까?
- 이리나 씨는 이번 주말에 무엇을 하겠습니까?

○ 다음 표현을 사용해서 위와 같이 대화를 만들어 봅시다.

· 하와이
· 모스크바
· 장갑
· 부츠
· 비옷

제주도	차를 빌리다	친구 / 운전을 하다	덥다 / 모자–선글라스	사러 가다
하와이	버스로 다니다	저 / 알아보다	덥다 / 모자–반바지	백화점에 가다
모스크바	지하철을 타다	러시아 친구 / 안내하다	춥다 / 장갑–부츠	사러 가다
하노이	택시로 다니다	친구 / 택시를 예약하다	비가 많이 오다/ 비옷–우산	마트에 가다

활동

여행 계획 세우기

여러분은 이번 방학 때 친구의 나라로 여행을 가려고 합니다. 친구의 나라에 대해 필요한 여행 정보를 물어봅시다.

북경

- ✓ 시내에서는 택시가 편리해요.
- ✓ PK 호텔이 좋아요.
- ✓ 북경 오리가 맛있어요.
- ✓ 중국 차를 선물하면 좋아요.

____

- ✓
- ✓
- ✓
- ✓

____

- ✓
- ✓
- ✓
- ✓

____

- ✓
- ✓
- ✓
- ✓

친구들의 이야기를 들은 후 누구와 어디로 여행을 갈지 계획을 세우고 발표해 봅시다.

언제: ______________

누구와: ______________

구경할 곳: ______________

______ : ______________

______ : ______________

저는 마키 씨와 같이 북경에 여행 가기로 했어요……

읽고 말하기

◎ 생각해 봅시다

여러분은 계획이나 약속을 잘 지킵니까?

◎ 읽어 봅시다 30-2

다음은 간토야 씨의 고민입니다.

저는 남자 친구가 있습니다. 우리는 사귄 지 3년이나 되었습니다. 처음에 제 남자 친구는 데이트를 하면 약속 시간보다 1시간 일찍 나와서 저를 기다렸습니다. 그리고 제 남자 친구는 무엇을 할지, 무슨 음식을 먹을지 미리 계획을 세우고 나왔습니다. 저는 남자 친구 덕분에 즐거운 시간을 보낼 수 있었습니다. 집에 갈 때는 남자 친구가 꼭 제 집까지 같이 가 주었습니다.

그런데 요즘 제 남자 친구가 달라졌습니다. 약속을 하면 항상 저보다 늦게 옵니다. 지난번에는 1시에 만나기로 했는데, 남자 친구가 40분이나 늦게 왔습니다. 그리고 사과도 하지 않았습니다. 그날은 제 생일이었는데, 남자 친구는 그것도 잊어버렸습니다. 저는 그날 매우 화가 났습니다.

요즘 우리는 자주 만나지 않습니다. 그리고 만나서 제가 "오늘은 뭘 할까?" 하고 말하면, 남자 친구는 "글쎄……."라고 합니다. 제가 뭘 먹고 싶냐고 물어보면, 남자 친구는 아무거나 먹겠다고 합니다. 그리고 집에 갈 때도 남자 친구는 다른 약속이 있으니까 저에게 혼자 가라고 합니다. 요즘 저는 '이제는 나를 사랑하지 않는 것 같아. 헤어져야겠어.'라고 생각하고 있습니다.

가. 읽고 이야기해 봅시다.

1. 간토야 씨는 언제부터 남자 친구를 만났습니까?
2. 처음에 간토야 씨의 남자 친구는 어땠습니까?
3. 요즘 간토야 씨의 남자 친구는 어떻게 달라졌습니까?

· 세우다
· 매우

나. 윗글을 읽고 맞으면 ○, 틀리면 × 하십시오.

1. 간토야 씨의 남자 친구는 약속 시간을 항상 지키지 않았습니다. (   )
2. 간토야 씨의 남자 친구는 지난번에 다키 씨의 생일 파티를 계획했습니다. (   )
3. 간토야 씨는 요즘 혼자서 집에 갑니다. (   )

다. ________에 주의하면서 듣고 따라 해 봅시다. 30-3

1. 무엇을 할지, 무슨 음식을 먹을지 미리 계획을 세우고 나왔습니다.
2. 그런데 요즘 제 남자 친구가 달라졌습니다.
3. 1시에 만나기로 했는데, 남자 친구가 40분이나 늦게 왔습니다.
4. 제가 뭘 먹고 싶냐고 물어보면, 남자 친구는 아무거나 먹겠다고 합니다.

라. 읽은 내용을 가지고 간토야 씨와 남자 친구와의 대화를 만들어 봅시다.

처음 데이트

남자 친구 ____________________
간토야 ____________________
남자 친구 ____________________
간토야 ____________________
남자 친구 ____________________
간토야 ____________________

요즘 데이트

남자 친구 ____________________
간토야 ____________________
남자 친구 ____________________
간토야 ____________________
남자 친구 ____________________
간토야 ____________________

◎ 읽은 내용으로 친구와 함께 간토야 씨가 남자 친구와 헤어지자고 하는 역할극을 해 봅시다.

31과 아무 말도 못 했어요

준비 1

-(으)ㄹ래요

저는 커피 마실래요. 이리나 씨는 뭐 마실래요?

저는 안 마실래요.

연습 1

다음과 같이 묻고 대답해 봅시다.

가 : 뭐 마실래요?
나 : 저는 야채 주스를 마실래요.

· 야채
· 프랑스
· 두부

1. 뭐 마시다 – 야채 주스를 마시다
2. 무슨 영화를 보다 – 공포 영화를 보다
3. 수업 후에 뭐 하다 – 도서관에 가다
4. 방학에 뭐 하다 – 프랑스 여행을 하다
5. 뭐 먹다 – 두부 요리를 먹다
6. 무슨 책을 읽다 – 소설을 읽다
7. 무슨 음악을 듣다 – 클래식 음악을 듣다
8. 무슨 요리를 하다 – 떡볶이를 만들다

연습 2

다음과 같이 대화를 해 봅시다.

가 : 오후에 뭐 할까?
나 : 영화 볼래? 쇼핑할래?
가 : 다리가 아프니까 영화를 봤으면 좋겠어.
나 : 그래, 그럼 영화를 보자.

· 차갑다

1. 오후에 뭐 하다 – ☑ 영화 / ☐ 쇼핑 – 다리가 아프다
2. 제주도에 뭐 타고 가다 – ☐ 배 / ☑ 비행기 – 배는 위험하다
3. 무슨 영화를 보다 – ☐ 공포 영화 / ☑ 코미디 영화 – 공포 영화는 무섭다
4. 무슨 음식을 먹다 – ☐ 떡볶이 / ☐ 김밥 – ____________
5. 뭐 마시다 – ☐ 따뜻한 음료 / ☐ 차가운 음료 – ____________
6. 언제 만나다 – ☐ 오늘 / ☐ 내일 – ____________

연습 3

다음 장소에서 친구와 대화를 만들어 봅시다.

커피숍	영화관	햄버거 가게	

· 아메리카노

가 : ________ 씨, 뭐 마실래요?
나 : 저는 아메리카노 마실래요. ________ 씨는요?
가 : 저는 아침에 커피를 마셨어요. 오렌지 주스 마실래요.

준비 2

아무 ~도

아침 먹었어요?

아니요, 늦게 일어나서 아무것도 못 먹었어요.

연습 1

보기 에서 골라 다음과 같이 묻고 대답해 봅시다.

보기

데　　말　　일　　것　　소리

· 데

1. 가 : 지금 뭐라고 했어요?
   나 : 아무 말도 안 했어요.
2. 가 : 어제 명동에서 뭘 샀어요?
   나 : ______________________.
3. 가 : 무슨 일 있어요?
   나 : ______________________.
4. 가 : 조금 전에 소리 들었어요?
   나 : ______________________.
5. 가 : 서울에서 어디를 구경했어요?
   나 : ______________________.
6. 가 : 그 소식 알아요?
   나 : ______________________.
7. 가 : 점심에 뭐 먹었어요?
   나 : ______________________.

연습 2

다음과 같이 대화를 해 봅시다.

가 : ________ 씨, 어제 어디에 갔어요?
나 : 아무 데도 안 갔어요.
가 : 그럼 뭐 했어요?
나 : 피곤해서 아무 데도 안 가고 집에서 쉬었어요.

· 연휴

1. 어제 어디에 갔다 / 데 / 뭐 / 피곤하다 – 집에서 쉬었다
2. 아침에 뭐 먹었다 / 것 / 왜 / 배가 아프다 – 물만 마시다
3. 아버지 생신 때 무슨 선물을 보냈다 / ____ / 왜 / 돈이 없다
   – 편지만 쓰다
4. 주말에 누구 만날 것이다 / ____ / 뭐 / 다음 주에 시험이 있다
   – 기숙사에서 공부하다
5. 연휴에 어디 갈 것이다 / ____ / 뭐 / ______________________
   – ______________________
6. 방학 때 어디에 여행갈 것이다 / ____ / 뭐 / ______________________
   – ______________________

연습 3

여러분은 아래와 같은 경험이 있습니까? 친구와 이야기해 봅시다.

아무도 없었어요.

아무것도 못 먹었어요.

아무 데도 없었어요.

아무것도 이해할 수 없었어요.

아무 ________________

대화

31-1

마키 투이 씨, 제가 어제 영화배우 송주원 씨를 봤어요!

투이 정말요? 어디에서요? 저도 그분을 좋아해요!

마키 어제 명동식당에 갔는데, 송주원 씨가 저녁을 먹고 있었어요.

투이 말을 해 봤어요?

마키 아니요, 아무 말도 못 했어요.

투이 그럼 사진은 찍었어요?

마키 아니요, 못 찍었어요. 너무 떨려서 아무것도 할 수 없었어요.

투이 그럼 우리 주말에 다시 한번 가 볼래요?

확인해 봅시다

- 마키 씨에게 어제 무슨 일이 있었습니까?
- 마키 씨는 좋아하는 배우와 무엇을 했습니까?

○ 다음 표현을 사용해서 위와 같이 대화를 만들어 봅시다.

· 떨리다
· 사인

영화배우 송주원 씨	명동식당 / 저녁을 먹다	말을 해 보다	사진을 찍다
가수 에스오	신촌 / 공연을 하다	좋아한다고 말하다	사인을 받다
옆 반 ______ 씨	도서관 / 혼자 공부하다	인사를 하다	옆자리에 앉다

활동

의향 묻고 답하기

○ 다음의 상황에서 친구와 같이 역할극을 해 봅시다.

화가 난 여자 친구 – 이유를 모르는 남자 친구

요즘 우울한 친구 – 도와주고 싶은 나

주말에 집에서 쉬고 싶은 남편 – 외출하고 싶은 아내

남자 친구 뭐 먹을래?
여자 친구 아무것도 안 먹을래.
남자 친구 그래? 그럼 뭐 마실래?
여자 친구 아무것도 안 마실래.
남자 친구 무슨 일 있어?
⋮

○ 친구들의 역할극이 재미있었습니까?

이름	재미있었습니까?	연기가 좋았습니까?	친구의 한국어는 어땠습니까?	점수
	5 4 3 2 1	5 4 3 2 1	5 4 3 2 1	
	5 4 3 2 1	5 4 3 2 1	5 4 3 2 1	
	5 4 3 2 1	5 4 3 2 1	5 4 3 2 1	
	5 4 3 2 1	5 4 3 2 1	5 4 3 2 1	
	5 4 3 2 1	5 4 3 2 1	5 4 3 2 1	

읽고 말하기

◎ 생각해 봅시다

한국에 처음 왔을 때 여러분의 생활은 어땠습니까?

◎ 읽어 봅시다 31-2

다음은 압둘라 씨의 이야기입니다.

저는 5개월 전에 처음 한국에 왔습니다. 한국에 왔을 때 한국어를 전혀 몰랐습니다. 지하철이나 버스를 어떻게 타는지, 식당에서 어떻게 주문을 하는지 몰랐습니다. 그래서 저는 처음 한 달 동안 수업 후에 매일 가게에 가서 빵과 우유를 샀습니다. 그리고 기숙사에 돌아가서 혼자 점심을 먹고 숙제를 했습니다. 숙제한 후에는 고향 친구들과 인터넷으로 이야기를 했습니다.

그런데 이런 생활은 너무 심심했습니다. 특히 주말이 되면 더 외로웠습니다. 만날 사람이 아무도 없었습니다. 한국말을 못하니까 아무 데도 갈 수 없었습니다. 어느 토요일 아침, 늦잠을 자고 일어나니까 기숙사에 아무도 없었습니다. 그때 저는 너무 외로워서 울고 싶었습니다.

그래서 저는 생각했습니다. '한국말을 잘 못하면 어때? 시내로 한번 나가 볼까?' 저는 혼자 명동에 가 보기로 했습니다. 버스 정류장에서 옆에 있는 아주머니에게 어떻게 명동에 가는지 물어봤습니다. 아주머니는 친절하게 알려 주셨습니다. 그런데 저는 아무것도 이해할 수 없었습니다. 저는 그냥 웃었습니다.

명동에 갔다 온 후에 저는 달라졌습니다. 혼자 버스나 지하철을 타고 경복궁, 신촌, 강남 등 여기저기에 갈 수 있습니다. 그리고 식당에서 한국 음식을 주문해서 먹을 수 있습니다. 이제는 한국 생활이 힘들지 않습니다. 앞으로 한국어를 더 열심히 공부해서 한국 친구와 많이 이야기할 수 있었으면 좋겠습니다.

가. 읽고 이야기해 봅시다.

1. 처음 한국에 왔을 때 압둘라 씨의 한국 생활은 어땠습니까?
2. 압둘라 씨가 처음 명동에 갔을 때 어떤 일이 있었습니까?
3. 압둘라 씨는 요즘 어떻게 생활하고 있습니까?

· 어느
· 늦잠
· 강남

나. 윗글을 읽고 맞으면 ○, 틀리면 × 하십시오.

1. 압둘라 씨는 한국에 오기 전에 한국어를 배웠습니다. ( )
2. 압둘라 씨는 아주머니의 말이 재미있어서 웃었습니다. ( )
3. 압둘라 씨는 요즘 한국 생활이 힘들지 않습니다. ( )

다. ______에 주의하면서 듣고 따라 해 봅시다. 31-3

1. 한국말을 못하니까 아무 데도 갈 수 없었습니다.
2. 버스 정류장에서 옆에 있는 아주머니에게 물어봤습니다.
3. 아주머니는 친절하게 알려 주셨습니다.

라. 읽은 내용을 가지고 압둘라 씨와 기자의 인터뷰 대화를 만들어 봅시다.

기자 ______________________

압둘라 ______________________

기자 ______________________

압둘라 ______________________

기자 ______________________

압둘라 ______________________

기자 ______________________

압둘라 ______________________

기자 ______________________

압둘라 ______________________

기자 ______________________

압둘라 ______________________

◯ 여러분이 처음 한국에 왔을 때는 어땠습니까? 자신의 한국 생활에 대해서 써 봅시다.

32과 손님이 많이 오는 편이에요

준비 1

–는/(으)ㄴ 편이다

베트남은 여름 날씨가 어때요?

비가 많이 오는 편이에요.

연습 1

다음과 같이 묻고 대답해 봅시다.

1. 가 : 그 가방 어때요? (좀 무겁다)
   나 : 좀 무거운 편이에요.
2. 가 : 학교 앞 식당 어때요? (가격이 좀 비싸다)
   나 : ______________________.
3. 가 : 이 떡볶이 어때요? (맵지 않다)
   나 : ______________________.
4. 가 : ______ 씨 집은 학교에서 가까워요? (조금 멀다)
   나 : ______________________.
5. 가 : 어떤 노래를 좋아하세요? (케이팝(K–pop)을 자주 듣다)
   나 : ______________________.
6. 가 : ______ 씨는 책을 많이 읽어요? (많이 읽다)
   나 : ______________________.
7. 가 : ______ 씨는 택시를 자주 타세요? (자주 타지 않다)
   나 : ______________________.

연습 2

다음과 같이 대화를 해 봅시다.

> 가 : 이 커피숍은 어때요?
> 나 : 조용한 편이에요.
> 가 : 그럼 저 커피숍은요?
> 나 : 사람이 많은 편이에요.

1		
2		
3		
4		
5		

연습 3

여러분의 친구나 가족을 소개해 봅시다.

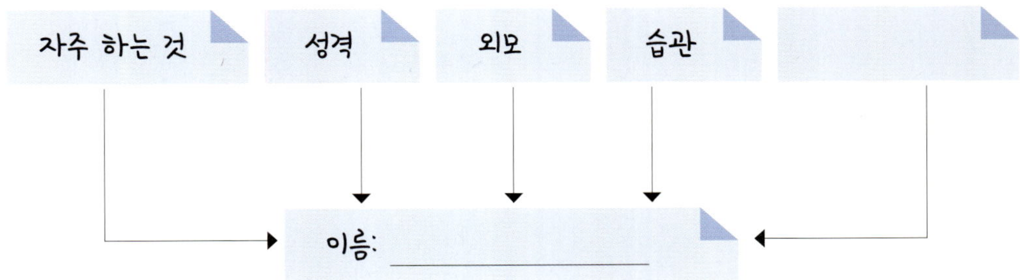

날씬하다/통통하다/뚱뚱하다	일찍/늦게 일어나다
키가 크다/키가 작다	일찍/늦게 자다
목소리가 크다/작다	부지런하다/게으르다
잘 웃다	말이 많다/조용하다
열심히 공부하다	머리가 길다/짧다

· 외모
· 습관
· 통통하다
· 부지런하다
· 게으르다

준비 2

–기는 하지만

저 구두 어때요? 예쁘지요?

예쁘기는 하지만 너무 비싸요.

연습 1

다음과 같이 묻고 대답해 봅시다.

1. 가 : 이 가방 어때요? 멋있지요? (너무 비싸다)
   나 : 멋있기는 하지만 너무 비싸요.
2. 가 : 저 커피숍 어때요? 분위기가 좋아요? (사람이 너무 많다)
   나 : ______________________.
3. 가 : 새로 이사한 집 어때요? 깨끗해요? (좁은 편이다)
   나 : ______________________.
4. 가 : 그 게임 어때요? 어려워요? (재미있다)
   나 : ______________________.
5. 가 : 커피를 자주 드세요? (밤에는 마시지 않다)
   나 : ______________________.
6. 가 : 매운 음식을 좋아하세요? (자주 먹지 않는 편이다)
   나 : ______________________.
7. 가 : 어제 파티에 바트 씨가 왔어요? (바로 나갔다)
   나 : ______________________.

연습 2

다음과 같이 대화를 해 봅시다.

가 : 이 스웨터 예쁘지요?
나 : 예쁘기는 하지만 너무 비싸요.
가 : 그럼 저 셔츠는 어때요? 저건 싸요.
나 : ______________________.

· 스웨터
· 단점
· 규칙

1. 이 스웨터 / 예쁘다 – 너무 비싸다 / 저 셔츠 – 싸다
2. 이 가방 / 디자인이 멋있다 – 좀 무겁다 / 저 배낭 – 가볍다
3. 기숙사 / 싸다 – 좁다 / 원룸 – 넓다
4. 식당 / 음식이 맛있다 – 불친절하다 / 학교 식당 – 친절하다
5. 이 소파 / 편하다 – ______________________ /
   저 소파 – ______________________
6. 이 케이크 / 맛있다 – ______________________ /
   저 빵 – ______________________

연습 3

다음에 대해 장점과 단점을 이야기해 봅시다.

기숙사 생활

- 화장실을 같이 써야 해요.
- 규칙이 많아요.
- ______________

- 가격이 싸요.
- ______________
- ______________

유학 생활

- ______________
- ______________
- ______________

- ______________
- ______________
- ______________

외동아들/외동딸

- ______________
- ______________
- ______________

- ______________
- ______________
- ______________

· 외동아들
· 외동딸

대화

32-1

바트	왕쯔이 씨, 힘들어 보이는데 무슨 일 있어요?
왕쯔이	요즘 좀 피곤해요. 지난주부터 아르바이트를 시작했거든요.
바트	아르바이트요? 무슨 일을 해요?
왕쯔이	커피숍에서 일해요. 커피를 만들거나 설거지를 해요.
바트	일하는 게 힘들지 않아요?
왕쯔이	힘들기는 하지만 점점 익숙해지고 있어요.
바트	그 커피숍에 손님이 많아요?
왕쯔이	네, 손님이 많이 오는 편이에요. 그래서 할 일이 많아요.

확인해 봅시다

✔ 왕쯔이 씨는 어떤 아르바이트를 합니까?

✔ 왕쯔이 씨가 일하는 곳은 손님이 많습니까?

○ 다음 표현을 사용해서 위와 같이 대화를 만들어 봅시다.

· 치우다

커피숍: 커피를 만들다 / 설거지를 하다	힘들다	커피숍에 손님이 많다	손님이 많이 오다 – 할 일
도서관: 책을 빌려주다 / 정리하다	어렵다	도서관에 책이 많다	책이 많다 – 할 일
빵집: 빵을 포장하다 / 계산을 하다	힘들다	빵집이 인기가 있다	인기가 많다 – 손님
식당: 주문을 받다 / 식탁을 치우다	피곤하다	식당에 음식이 맛있다	맛있다 – 손님

활동

아르바이트 경험 말하기

○ 여러분은 아르바이트를 해 본 적이 있습니까? 아르바이트 경험에 대해 친구와 이야기 해 봅시다.

장소	커피숍		
한 일	• 주문 받는 것 • 설거지 •		
월급			
좋은 점			
나쁜 점			
기타			

○ 친구들이 해 본 아르바이트 중에서 여러분이 하고 싶은 아르바이트가 있습니까?

읽고 말하기

◎ 생각해 봅시다

여러분은 지금 어디에 살고 있습니까?

◎ 읽어 봅시다 32-2

여러분은 도시에 사는 것을 좋아합니까? 시골에 사는 것을 좋아합니까? 도시는 사람이 많기 때문에 높은 건물, 아파트, 도로가 많습니다. 병원과 은행, 우체국이 많고, 유치원과 학교 등도 많습니다. 또 지하철, 버스 등 대중교통이 편리하고, 대형 마트나 백화점 등에서 다양한 물건을 살 수 있습니다. 또 가까운 미술관에 가서 그림을 보거나 박물관에 가서 전시회를 볼 수 있습니다.

도시에서 살면 생활이 편리하긴 하지만 안 좋은 점도 있습니다. 도시는 사람이 많이 살기 때문에 교통이 복잡하고 쓰레기가 많습니다. 또 공기가 깨끗하지 않습니다.

시골은 도시에 비해서 사람이 적고 조용합니다. 시골에는 젊은 사람과 아이들이 적고 노인들이 많은 편입니다. 사람들은 산이나 들, 바다에서 일을 합니다. 높은 건물이 많지 않고 교통도 복잡하지 않습니다. 시골에서는 자연 속에서 생활할 수 있습니다.

요즘은 복잡한 도시에서 살다가 시골로 이사하는 사람들이 많아졌다고 합니다. 왜냐하면 시골은 공기가 깨끗하고 사람들이 가족처럼 친하게 지낼 수 있기 때문입니다. 그리고 빠른 인터넷과 편리한 교통 덕분에 시골에서 사는 것이 불편하지 않기 때문입니다.

- 도시
- 도로
- 유치원
- 노인
- 들(field)
- 자연
- 왜냐하면

가. 읽고 이야기해 봅시다.

1. 도시에서 살면 어떤 것이 좋습니까?
2. 시골에서 살면 어떤 것이 좋습니까?
3. 요즘 사람들은 왜 시골로 이사를 많이 합니까?

나. 윗글을 읽고 알맞은 것끼리 연결하십시오.

1. 젊은 사람이 많지 않습니다. •
2. 아파트와 높은 건물이 많습니다. •
3. 공기가 깨끗합니다. •
4. 다양한 문화생활을 할 수 있습니다. •

• 도시
• 시골

다. ________에 주의하면서 듣고 따라 해 봅시다. 32-3

1. 지하철, 버스 등 대중교통이 편리합니다.
2. 미술관에 가서 그림을 보거나 박물관에 가서 전시회를 볼 수 있습니다.
3. 시골에는 젊은 사람과 아이들이 적고 노인들이 많은 편입니다.
4. 높은 건물이 많지 않고 교통도 복잡하지 않습니다.

라. 읽은 내용을 가지고 도시 생활과 시골 생활의 좋은 점과 불편한 점에 대한 대화를 만들어 봅시다.

가 ________
나 ________
가 ________
나 ________
가 ________
나 ________
가 ________
나 ________
가 ________
나 ________

○ 여러분은 어디에서 살고 싶습니까?
도시 생활과 시골 생활을 비교해서 친구들과 이야기해 봅시다.

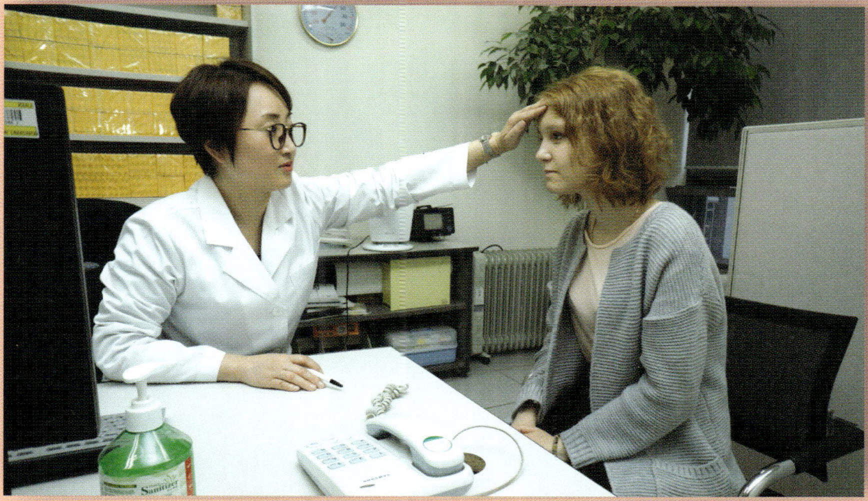

건강

33과
기침도 나고 목도 아파요

문법 ~도 -고, -(으)면 되다

34과
약을 먹어도 낫지 않아요

문법 ㅅ 불규칙, -아도/어도

35과
걸어서 가는 게 어때요?

문법 -는 게 어때요?, 마다

36과
건강을 생각하게 됐어요

문법 -게 되다, 에 대해서

33과 기침도 나고 목도 아파요

준비 1

~도 -고

어떻게 오셨어요?

기침도 나고 목도 아파요.

연습 1

다음과 같이 묻고 대답해 봅시다.

가 : 어떻게 오셨어요?
나 : 머리도 아프고 열도 나요.

1. 머리가 아프다 – 열이 나다
2. 배가 아프다 – 설사를 하다
3. 콧물이 나다 – 목이 아프다
4. 소화가 안 되다 – 토하다
5. 잇몸이 붓다 – 잇몸에서 피가 나다
6. 눈이 빨갛다 – 눈물이 자주 나다
7. 여드름이 나다 – 얼굴이 가렵다

· 열
· 설사
· 소화
· 토하다
· 잇몸
· 붓다(~이/가)
· 빨갛다
· 여드름
· 가렵다

연습 2

다음과 같이 대화를 해 봅시다.

가 : 어떻게 오셨어요?
나 : 배가 아파서 왔는데요.
가 : 증상이 어떠세요?
나 : 설사도 하고 배도 아파요. 아이스크림을 많이 먹었거든요.

· 증상
· 발목
· 멍
· 들다(멍이)

1		배 / 설사를 하다 – 머리가 아프다 / 아이스크림을 많이 먹다
2		배 / 소화가 안 되다 – 토하다 / ____________을/를 많이 먹다
3		다리 / 발목이 붓다 – 멍이 들다 / 스케이트를 타다가 넘어지다
4		목 / 목이 붓다 – 기침이 나다 / 어제 비를 맞다
5		눈 / 눈이 빨갛다 – 가렵다 / 시험공부를 했기 때문에 잠을 못 자다

연습 3

다음과 같이 우리 반 친구들을 칭찬해 봅시다.

외모 / 성격 / 잘하는 것

가 : 마키 씨는 우리 반 학생 중에서 누가 제일 좋아요?
나 : 음, 저는 이리나 씨가 제일 좋아요.
가 : 이리나 씨가 왜 좋아요?
나 : 얼굴도 예쁘고 키도 커서요.
가 : 성격은 어때요?
⋮

준비 2

-(으)면 되다

이것을 빌리려면 어떻게 해야 해요?

신분증만 있으면 됩니다.

연습 1

다음과 같이 묻고 대답해 봅시다.

가 : 주사를 맞아야 해요?

나 : 아니요, 약만 드시면 돼요.

· 주사
· 맞다(주사를)
· 수술
· 도장
· 찍다(도장을)

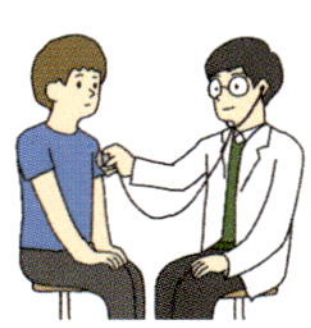

1. 주사를 맞다 / 약을 먹다
2. 수술을 하다 / 주사를 맞다

3. 여권을 내다 / 외국인 등록증이 있다
4. 도장을 찍다 / 서명을 하다

5. 내일 아침에 일찍 오다 / 10시까지 오다
6. 오늘까지 비자를 연장하다 / 다음 주까지 연장하다

연습 2

다음과 같이 대화를 해 봅시다.

가 : 머리가 아파서 왔어요.
나 : 이 두통약을 드세요.
가 : 언제 먹어야 해요?
나 : 자기 전에 드시면 돼요.

- 두통약
- 소화제
- 안약
- 연고
- 심하다
- 파스
- 찜질

1. 머리가 아프다 / 두통약을 먹다 / 자기 전
2. 소화가 안 되다 / 소화제를 먹다 / 밥 먹기 전
3. 눈이 아프다 / 안약을 넣다 / 하루에 3번
4. 감기가 심하다 / 감기약을 먹다 / 따뜻한 물과 같이
5. 얼굴이 가렵다 / 연고를 바르다 / 세수한 다음
6. 허리가 아프다 / 파스를 붙이다 / 찜질을 한 다음

연습 3

다음과 같은 상황에서 친구와 이야기해 봅시다.

_____________ 에 가고 싶습니다. 그런데 어떻게 가는지 모릅니다.

돈이 없어서 돈을 찾아야 합니다. 그런데 은행이 문을 닫았습니다.

오늘까지 토픽(TOPIK) 시험을 신청해야 합니다. 그런데 제 컴퓨터가 고장 났습니다.

비자를 연장해야 합니다. 그런데 외국인 등록증을 잃어버렸습니다.

대화

33-1

약사　어떻게 오셨어요?

투이　기침이 나서 왔는데요.

약사　언제부터 기침을 하기 시작했어요?

투이　그저께부터요. 기침도 나고 목도 아파요.

약사　그럼 이 약을 드세요. 식사 후에 한 알씩 드시면 돼요.

투이　네, 알겠습니다.

약사　그리고 따뜻한 물을 자주 드시고 푹 쉬세요.

확인해 봅시다

- 투이 씨는 어디가 아파서 약국에 왔습니까?
- 이 약은 어떻게 먹어야 합니까?

· 그저께
· 알

○ 다음 표현을 사용해서 위와 같이 대화를 만들어 봅시다.

기침이 나다	목이 아프다	약을 먹다	식사 후에 1알씩 먹다	따뜻한 물을 자주 드시다
배가 아프다	소화가 안 되다	약을 먹다	식사 전에 2알씩 먹다	죽을 드시다
다리가 아프다	멍이 들었다	파스를 붙이다	연고를 바른 다음에 붙이다	찜질을 하다

활동

증상 설명하기

◎ 다음의 약은 언제 필요한 약입니까?

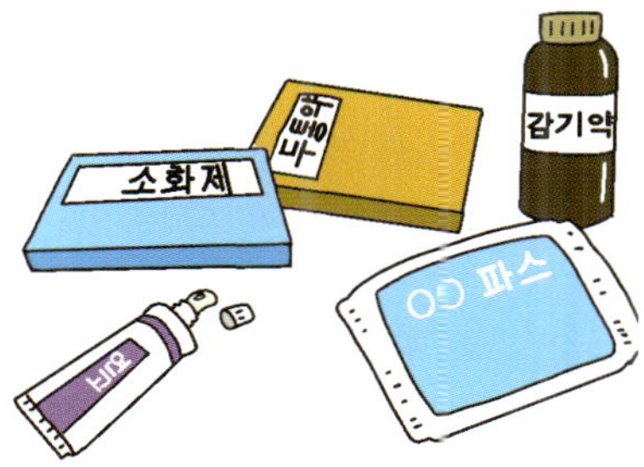

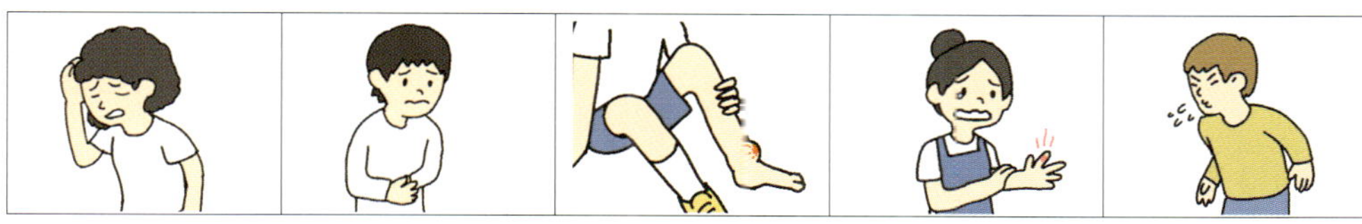

◎ 여러분은 언제 약국에 갑니까? 다음 그림을 보고 약사와 환자가 되어 역할극을 해 봅시다.

읽고 쓰기

◯ 생각해 봅시다

여러분은 언제 약국을 이용합니까?

◯ 읽어 봅시다 33-2

다음은 마키 씨의 일기입니다.

오늘은 아침부터 눈이 많이 왔습니다. 저는 길이 막힐 것 같아서 조금 일찍 집에서 나왔습니다. 학교에 도착했을 때 버스에서 내리는 알렉세이 씨를 봤습니다. 오랜만에 만나서 아주 반가웠습니다. 그래서 저는 알렉세이 씨에게 인사를 하려고 뛰어가다가 넘어졌습니다. 눈이 많이 와서 길이 미끄러웠습니다. 팔도 너무 아프고 다리에서 피도 났습니다.

알렉세이 씨가 깜짝 놀라서 뛰어왔습니다. 그리고 괜찮냐고 했습니다. 하지만 저는 너무 부끄러워서 아무 말도 하지 못했습니다. 알렉세이 씨의 얼굴도 볼 수 없었습니다. 수업 시간에 계속 알렉세이 씨의 깜짝 놀란 얼굴만 생각났습니다.

수업이 끝나고 약국에 갔습니다. 약사는 "깨끗하게 씻고 이 약을 바르면 돼요. 그리고 얼음으로 찜질을 하면 더 좋아요."라고 했습니다.

저는 집에 돌아와서 약을 바르고 밴드도 붙였습니다. 그리고 얼음을 사러 편의점에 갔습니다. 그런데 편의점에서 알렉세이 씨를 또 만났습니다. 알렉세이 씨는 괜찮냐고 물어봤습니다. 저는 약을 발랐으니까 걱정하지 말라고 했습니다. 우리는 웃으면서 여러 가지 이야기를 했습니다. 아직도 팔과 다리는 아프지만 이 일 덕분에 알렉세이 씨와 더 친해진 것 같습니다.

가. 읽고 이야기해 봅시다.

1. 마키 씨는 오늘 아침에 누구를 만났습니까?
2. 마키 씨는 왜 알렉세이 씨 얼굴을 볼 수 없었습니까?
3. 마키 씨는 아픈 다리를 어떻게 치료했습니까?

· 미끄럽다
· 피
· 부끄럽다
· 밴드
· 얼음

나. 윗글을 읽고 맞으면 ○, 틀리면 × 하십시오.

1. 마키 씨는 오늘 길이 미끄러워서 넘어졌습니다. ( )
2. 알렉세이 씨는 저에게 아무 말도 못 했습니다. ( )
3. 마키 씨는 집에 돌아오자마자 찜질을 했습니다. ( )

다. __________에 주의하면서 듣고 따라 해 봅시다. 33-3

1. 길이 막힐 것 같아서 조금 일찍 집에서 나왔습니다.
2. 학교에 도착했을 때 버스에서 내리는 알렉세이 씨를 봤습니다.
3. 저는 집에 돌아와서 약을 바르고 밴드도 붙였습니다.

라. 편의점에서 마키 씨는 다시 알렉세이 씨를 만났습니다. 마키 씨와 알렉세이 씨가 되어 역할극을 해 봅시다.

마키	알렉세이 씨, 또 만났네요.
알렉세이	마키 씨, 편의점에는 뭘 사러 왔어요?
마키	______________________.
알렉세이	______________________?
마키	______________________.
알렉세이	______________________.

○ 다음은 알렉세이 씨의 일기입니다. 일기를 완성해 봅시다.

20××년 ×월 ×일 날씨: 눈

오늘은 눈이 많이 왔습니다. 아침에 학교에 갈 때 1급에서 같이 공부한 마키 씨를 만났습니다. 그런데 ______________________

____

____

____

____

____

34과 약을 먹어도 낫지 않아요

준비 1

ㅅ 불규칙

물을 부은 다음에 잘 저으세요.

네, 물을 붓고 저을게요.

연습 1

다음과 같이 묻고 대답해 봅시다.

가 : 감기가 나았어요?
나 : 네, 감기가 나았어요./아니요, 감기가 낫지 않았어요.

1. 감기가 낫다
2. 목이 붓다
3. 약을 짓다
4. 밥을 짓다
5. 컵에 물을 붓다
6. 설탕을 넣고 젓다
7. 중요한 곳에 밑줄을 긋다

· 낫다
· 짓다
· 젓다
· 밑줄
· 긋다

연습 2

보기 에서 알맞은 단어를 골라 다음과 같이 대화를 해 봅시다.

보기

붓다　　짓다　　젓다　　낫다

1. 가 : 감기는 다 나았어요?
   나 : 아니요, 아직도 안 ＿＿＿＿＿＿＿＿.
2. 가 : 딸기 잼을 처음 만들어 봐요. 언제 저으면 되요?
   나 : 딸기 잼이 끓을 때 ＿＿＿＿＿＿＿＿.
3. 가 : 투이 씨, 다리가 많이 아파요?
   나 : 네, 저는 많이 걸으면 다리가 자주 ＿＿＿＿＿＿＿＿.
4. 가 : 이 컵라면 어떻게 먹어야 해요?
   나 : 컵에 뜨거운 물을 ＿＿＿＿＿＿＿＿
5. 가 : 누가 이름을 ＿＿＿＿＿ 줬어요?
   나 : ＿＿＿＿＿＿＿＿＿＿＿＿＿＿＿＿.

· 잼
· 끓다
· 컵라면

연습 3

감기에 걸렸을 때 어땠습니까? 어떻게 나았습니까? 다음 그림을 보고 친구와 이야기해 봅시다.

준비 2

-아도/어도

비가 오는데 축구하러 갈 거예요?

네, 비가 와도 축구할 거예요.

연습 1

다음과 같이 묻고 대답해 봅시다.

가 : 두통약을 먹었어요?
나 : 네. 그런데 두통약을 먹어도 낫지 않아요.

· AS 센터
· 답장

1. 두통약을 먹다 / □ 낫다 : ☑ 낫지 않다
2. 연고를 바르다 / □ 가렵다 : □ 가렵지 않다
3. 주말에 푹 쉬다 / □ 피곤하다 : □ 건강해지다
4. 오래 기다리다 / □ 친구가 오다 : □ 친구가 안 오다
5. AS 센터에 전화해 보다 / □ 전화를 받다 : □ 전화를 안 받다
6. 잃어버린 휴대폰을 찾아보다 / □ 있다 : □ 없다
7. 친구에게 메시지를 보내다 / □ 답장이 오다 : □ 답장이 안 오다

연습 2

다음과 같이 대화를 해 봅시다.

가 : 계속 살이 쪄요.
나 : 그럼 운동을 하세요.
가 : 운동을 하고 싶은데 바빠요.
나 : 아무리 바빠도 운동을 해야 해요.

· 귀찮다
· 피부
· 변비

1. 계속 살이 찌다 – 운동을 하다 – 바쁘다
2. 소화가 안 되다 – 밥을 천천히 먹다 – 시간이 없다
3. 입에서 냄새가 나다 – 자주 이를 닦다 – 귀찮다
4. 기침이 심하다 – 담배를 피우지 말다 – 스트레스가 많다
5. 피부가 나빠졌다 – 화장을 깨끗하게 지우다 – 밤에 너무 졸리다
6. 변비가 심하다 – 과일을 많이 먹다 – 과일이 비싸다

연습 3

다음은 친구의 고민입니다. 친구의 고민을 듣고 조언해 봅시다.

· 밤늦게
· 화상 통화

요즘 살이 많이 쪘어요.

발음이 좋아지지 않아요.

기숙사 룸메이트가 밤늦게 고향 친구랑 화상 통화를 해요.

가 : 요즘 살이 많이 쪄서 고민이에요.
나 : 그럼 운동을 한번 해 보세요.
가 : 날마다 운동을 하고 있어요.
계속 운동을 해도 살이 빠지지 않아요.
나 : 그래요? 그럼……

대화

34-1

의사　어디가 아파서 오셨어요?

투이　감기에 걸린 것 같아요. 약을 먹어도 낫지 않아요.

의사　어디 봅시다. 목이 많이 부었네요.

약을 이틀분 처방해 드리겠습니다.

그리고 주사도 맞고 가세요.

투이　주사도 맞아야 해요?

의사　네. 그리고 이틀 후에 다시 오세요.

확인해 봅시다

✔ 투이 씨는 목이 아파서 약을 먹었습니까?

✔ 투이 씨는 약만 먹으면 됩니까?

○ 다음 표현을 사용해서 위와 같이 대화를 만들어 봅시다.

감기에 걸리다	약을 먹다	목이 붓다	이틀 후에
눈병에 걸리다	안약을 넣다	충혈이 됐다	안 나으면
발목을 삐다	파스를 붙이다	멍이 들다	계속 아프면

· ~분
· 처방하다
· 눈병
· 충혈
· 삐다

활동

조언하기

친구의 이야기를 듣고 어떻게 하면 좋을지 다음과 같이 말해 봅시다.

듣고 말하기

생각해 봅시다

여러분은 한국에 와서 병원에 간 적이 있어요? 다음은 어디가 아플 때 가는 병원입니까?

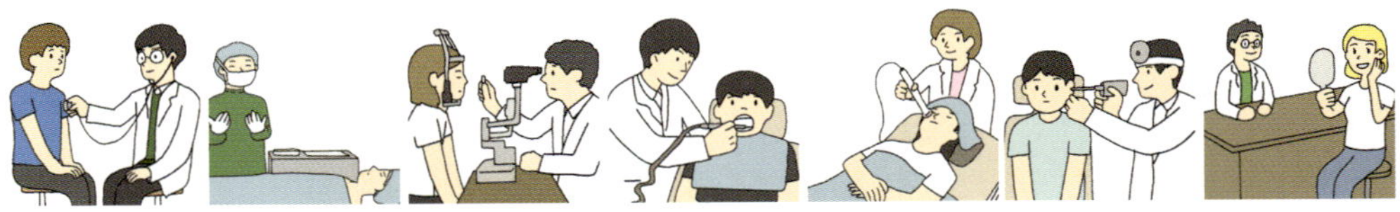

들어 봅시다 34-2

가. 듣고 이야기해 봅시다.

1. 카오루 씨의 증상은 어떻습니까?
2. 카오루 씨는 왜 아픕니까?
3. 무슨 약을 처방 받았을까요?

나. 다시 한번 듣고 맞으면 ○, 틀리면 × 하십시오.

1. 카오루 씨는 어제 많이 먹었기 때문에 배가 아픕니다. (   )
2. 카오루 씨는 내일까지 식사를 하면 안 됩니다. (   )
3. 이 약은 하루에 3번 먹으면 됩니다. (   )

다. 잘 듣고 문장을 완성해 봅시다. 34-3

약사 어서 오세요. 어떻게 오셨어요?
카오루 병원에서 ________을 받아서 가지고 왔어요. 여기 있어요.
약사 네, ________ 기다려 주세요.

(잠시 후)

약사 카오루 님, 약 나왔습니다. ________ 드시면 됩니다.
________하고 같이 드시면 더 좋아요.
그리고 ________는 드시지 마세요.
카오루 네, 알겠습니다.

· 약사
· 환자
· 과식
· 처방전
· 식후

라. 잘 듣고 빈칸에 써 봅시다. 34-4

의사　어떻게 오셨어요?

카오루　________________________________.

의사　아, 네. 언제부터 그러셨어요?

카오루　어제 ____________________________.

의사　어제 저녁에는 뭘 드셨나요?

카오루　________________. 음, 그리고 케이크도 먹었어요.

의사　음, 또 다른 것은 안 드셨나요?

카오루　아, 맞다. ________________________.

의사　음, 과식을 좀 하셨네요. 약 3일분 처방해 드릴 테니까 먹고 낫지 않으면 다시 오세요.

◯ 다음 약 봉투를 보고 약을 먹는 방법에 대해서 이야기해 봅시다.

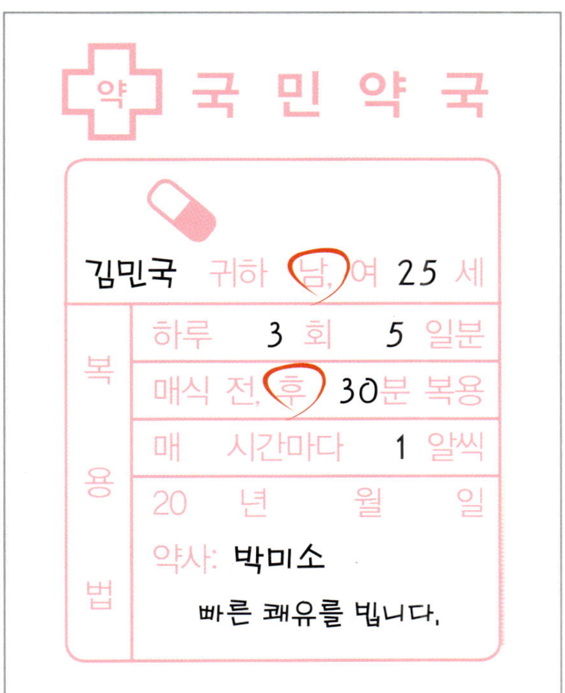

35과 걸어서 가는 게 어때요?

준비 1

–는 게 어때요?

다음 주에 어머니 생신인데 무슨 선물이 좋을까요?

인삼을 선물하는 게 어때요?

연습 1

다음과 같이 묻고 대답해 봅시다.

1. 가 : 감기약을 먹어도 낫지 않아요. (병원에 가 보다)
   나 : 그럼 병원에 가 보는 게 어때요?
2. 가 : 휴대폰이 자주 고장이 나요. (새 휴대폰으로 바꾸다)
   나 : ____________________?
3. 가 : 한국에서도 운전을 하고 싶어요. (국제 운전면허증을 받다)
   나 : ____________________?
4. 가 : 고향 음식을 먹었으면 좋겠어요. (직접 만들어서 먹다)
   나 : ____________________?
5. 가 : 단어를 외워도 자꾸 잊어버려요. (단어장을 만들다)
   나 : ____________________?
6. 가 : 요즘 스트레스가 많아요.
   나 : ____________________?
7. 가 : 토픽(TOPIK) 시험을 잘 봤으면 좋겠어요.
   나 : ____________________?

· 단어장

연습 2

다음과 같이 대화를 해 봅시다.

가 : 노트북을 사려고 하는데요.
　　백화점에서 사야 할지 인터넷에서 사야 할지 모르겠어요.
나 : 인터넷이 더 싸니까 인터넷에서 사는 게 어때요?
가 : 그게 좋겠네요. 고마워요.

· 뮤지컬

1. 노트북을 사다 / 백화점 - 인터넷 / 인터넷이 더 싸다
2. 휴가를 가다 / 국내 여행 - 해외여행 / 휴가가 짧다
3. 제주도에 가다 / 배 - 비행기 / 비행기가 빠르다
4. 공연을 보다 / 오페라 - 뮤지컬 / 학교에서 무료 뮤지컬 공연을 하다
5. 아르바이트를 하다 / 편의점 - 영어 학원 / 한국말을 연습할 수 있다.
6. 원룸에서 살다 / 혼자 살다 - 친구하고 같이 살다 / ____________
7. 친구들을 집에 초대하다 / 음식을 만들다 - 시켜 먹다 / ________

연습 3

친구들에게 다음과 같은 고민이 있습니다. 친구의 이야기를 듣고 조언해 봅시다.

· 생활비
· 들다(돈이)
· 모양

준비 2

마다

우리 토요일에 영화 보러 갈까요?

미안해요. 저는 토요일마다 아르바이트를 하러 가요.

연습 1

다음과 같이 묻고 대답해 봅시다.

가 : 할머니 댁에 자주 가요?
나 : 네, 매주 일요일마다 할머니 댁에 가요.

1. 할머니 댁에 자주 가다 / 매주 일요일
2. 찜질방에 자주 가다 / 주말
3. 커피를 자주 마시다 / 아침
4. 어머니께서 요리를 잘하시다 / 만드는 요리 - 맛있다
5. 그 가수는 인기가 많다 / 가는 곳 - 사람들이 사진을 찍자고 하다
6. 압둘라 씨는 좋은 학생이다 / 만나는 사람 - 압둘라 씨를 칭찬하다

· 칭찬하다

연습 2

다음과 같이 대화를 해 봅시다.

가 : 마키 씨는 취미가 뭐예요?
나 : 스키예요.
가 : 그래요? 그럼 자주 스키를 타러 가요?
나 : 네, 겨울 방학마다 스키를 타러 가요.

- 배구
- 바다낚시
- 봉사
- 답답하다

1. 스키 / 겨울 방학
2. 바다낚시 / 여름 방학
3. 배구 / 주말
4. 산책 / 날
5. 봉사 활동 / 시간이 있을 때
6. 사진 찍기 / 날씨가 좋을 때
7. 등산 / 마음이 답답할 때

연습 3

여러분은 다음과 같은 상황이 생길 때마다 어떻게 합니까? 친구와 같이 이야기해 봅시다.

	이름:	이름:	이름:
긴장할 때			
졸릴 때			
스트레스 받을 때			
외로울 때			

대화

35-1

알렉세이	간토야 씨, 어제 등산은 재미있었어요?
간토야	아니요, 요즘 운동을 안 해서 그런지 너무 힘들었어요.
알렉세이	고향에서는 운동을 자주 했어요?
간토야	네. 그런데 요즘은 시간이 없네요.
알렉세이	그럼 집이 가까우니까 집까지 걸어서 가는 게 어때요?
간토야	그게 좋겠네요. 오늘부터 집에 갈 때마다 걸어서 가야겠어요.

확인해 봅시다

- ✔ 간토야 씨는 왜 등산하기가 힘들었습니까?
- ✔ 알렉세이 씨는 간토야 씨에게 무엇을 추천했습니까?

○ 다음 표현을 사용해서 위와 같이 대화를 만들어 봅시다.

등산	운동	집이 가깝다 / 집까지 걸어서 가다	오늘부터 집에 갈 때
파티	요리	배달 음식도 맛있다 / 다음에는 시켜 먹다	이제부터 파티할 때
영어 수업	영어 공부	동영상 수업도 재미있다 / 동영상 수업을 듣다	앞으로 시간이 있을 때

활동

생활 습관 말하기

◯ 여러분은 건강해지기 위해서 무엇을 합니까? 여러분의 생활 습관을 확인해 봅시다.

건강해지는 생활 습관

1. 하루에 30분 이상 운동을 합니까?	○ □	× □
2. 7 ~ 8시간 정도 잠을 잡니까?	○ □	× □
3. 비타민이 많은 과일을 자주 먹습니까?	○ □	× □
4. 아침을 날마다 먹습니까?	○ □	× □
5. 하루에 2l 이상 물을 마십니까?	○ □	× □
6. 천천히 식사합니까?	○ □	× □
7. 피자, 햄버거 같은 음식을 안 먹습니까?	○ □	× □
8. 좋은 생각을 많이 합니까?	○ □	× □
9. 스트레스를 푸는 방법이 있습니까?	○ □	× □
10. 자주 웃습니까?	○ □	× □

- 8–10개: 아주 건강한 습관을 가지고 있습니다. 지금처럼 계속 생활하세요.
- 7–5개: 건강한 편입니다. 조금만 조심하면 됩니다.
- 4–3개: 건강한 습관을 위해서 노력이 필요합니다.
- 2–0개: 지금 당장 생활 습관을 바꿔야 합니다.

◯ 친구의 생활 습관을 보고 건강해지기 위한 방법을 조언해 봅시다.

읽고 쓰기

생각해 봅시다

여러분은 건강에 관심이 있어요? 건강해지기 위해서 무슨 노력을 해 봤어요?

읽어 봅시다 35-2

다음은 학교 게시판의 글입니다.

제목	고민이 있어요!	글쓴이	김치사랑

안녕하세요? 저는 국민대학교에서 한국어를 배우고 있는 학생이에요. 요즘 고민이 좀 있어요. 한국에 오고 나서 살이 5킬로그램이나 쪘어요. 밤마다 간식을 먹어서 그런 것 같아요. 운동을 하고 싶지만 시간도 없고 너무 피곤해요. 어떻게 하면 좋을까요?

└ Re: 고민이 있어요! 글쓴이: 요가사랑

김치사랑님, 안녕하세요? 저도 국민대학교 학생이에요. 반가워요.

저도 한국에 오고 나서 살이 많이 쪘어요. 그래서 날씬해지기 위해서 6개월 동안 다이어트를 열심히 했어요. 지금부터 그 방법을 알려 드릴게요.

첫째, 혼자 운동하기 힘들면 친구를 찾아보세요. 친구와 같이 운동을 하면 심심하지 않아요. 그리고 운동하기 싫어도 친구하고 약속했기 때문에 꼭 가야 해요.

둘째, 운동할 시간이 없으면 집에서 할 수 있는 운동을 생각해 보세요. 저는 한국 드라마를 보면서 요가를 했어요. 이렇게 운동을 하면 시간도 빨리 가고 한국어 듣기 연습도 할 수 있어요.

마지막으로, 물을 많이 드세요. 저는 배가 고플 때마다 물을 마셨어요. 물을 자주 마시면 밥을 조금 먹어도 배가 고프지 않아요. 하루에 2리터 정도 물을 마셔야 해요.

처음에는 물 마시기가 쉽지 않을 거예요. 그렇지만 천천히 노력하면 익숙해질 거예요.

김치사랑 님, 힘내세요!

· 킬로그램(kg)
· 첫째
· 리터(ℓ)

가. 읽고 이야기해 봅시다.

1. '김치사랑'은 무슨 고민이 있습니까?
2. '요가사랑'은 어떻게 운동을 하면 좋다고 했습니까?
3. '요가사랑'은 왜 물을 마시면 좋다고 했습니까?

나. 윗글을 읽고 맞으면 ○, 틀리면 × 하십시오.

1. 친구하고 같이 운동을 하면 힘듭니다. (   )
2. 드라마를 보면서 운동을 하면 재미있게 운동을 할 수 있습니다. (   )
3. 물을 많이 마시는 것이 다이어트에 드움이 됩니다. (   )

다. ________에 주의하면서 듣고 따라 해 봅시다. 35-3

1. 한국에 오고 나서 살이 5킬로그램이나 쪘어요.
2. 하루에 2리터 정도 물을 마셔야 해요.
3. 천천히 노력하면 익숙해질 거예요.

라. 읽은 내용을 가지고 건강을 위한 생활 습관을 만들어 봅시다.

계획 1. 친구하고 같이 운동하기
같이 운동할 친구:
운동 종류:

계획 2. ________________
운동 시간: 　　시부터 　　시까지 (　　시간 동안)
운동 종류: ________________

계획 3. ________________
하루 ________ ℓ 마시기
마시는 시간: ________ 마다

○ 여러분만이 알고 있는 다이어트 방법을 소개하는 글을 써 봅시다.

____

____

____

36과 건강에 관심을 가지게 되었어요

준비 1

–게 되다

제프리 씨, 매운 김치를 잘 먹네요.

한국에 와서 먹게 되었어요.

연습 1

다음과 같이 묻고 대답해 봅시다.

· 방송국

1. 가 : 언제부터 요리 학원에 다녔어요?
   나 : 요리를 좋아해서 지난달부터 다니게 되었어요.
2. 가 : 어? 민수 씨를 알아요?
   나 : 네, 친구가 소개해 줘서 ________________.
3. 가 : 방송국에서 아르바이트를 해요?
   나 : 네, 친구가 방송국에서 일해서 ________________.
4. 가 : 한국어를 정말 잘하시네요.
   나 : 한국 드라마를 자주 봐서 ________________.
5. 가 : 요즘 수영장에 다니세요?
   나 : 네, 운동을 하고 싶어서 ________________.
6. 가 : 시장에서 과일을 사세요?
   나 : 네, 마트보다 싸서 ________________.
7. 가 : ________ 씨는 왜 한국에 왔어요?
   나 : ________________________.

연습 2

다음과 같이 대화를 해 봅시다.

가 : 한국 요리를 배운 지 오래 되었어요?
나 : 아니요, 얼마 안 되었어요.
가 : 왜 한국 요리를 배우게 되었어요?
나 : 한국 음식에 관심이 많아서 배우게 되었어요.

· 감동

1. 한국 요리를 배우다 / 한국 음식에 관심이 많다
2. 한국 영화를 좋아하다 / 한국 영화에 감동을 받다
3. 기타를 배우다 / 기타 소리가 마음에 들다
4. 아르바이트를 하다 / 한국말 연습을 하고 싶다
5. 한국 소설책을 읽다 / 친구한테서 선물을 받다
6. 머리를 기르다 / 남자 친구가 좋아하다
7. 오토바이를 타다 / 여자 친구가 좋아하다

연습 3

다음의 상황에서 무엇이 달라졌는지 친구와 이야기해 봅시다.

· 애완동물

______ 씨를 만난 다음에	한국에 온 다음에/한국어를 배운 다음에
애완동물과 함께 산 다음에	남자/여자 친구를 사귄 다음에

가 : 저는 김 선생님을 만난 다음에 많이 달라졌어요.
나 : 그래요? 어떻게 달라졌어요?
가 : 저는 수학을 별로 좋아하지 않았어요.
그런데 김 선생님을 만나고 나서 수학을 좋아하게 되었어요.
나 : 그래요? 그 선생님은 어떤 분이에요?
가 : ______________________

⋮

준비 2

에 대해서

지금부터 한국 문화에 대해서 발표를 하겠습니다.

연습 1

다음과 같이 묻고 대답해 봅시다.

가 : 친구하고 무엇에 대해서 이야기했어요?
나 : 토픽(TOPIK) 시험에 대해서 이야기했어요.

1. 친구하고 – 이야기하다 / 토픽(TOPIK) 시험
2. 사장님께 – 질문하다 / 월급
3. 선생님께 – 물어보다 / 시험 결과
4. 인터넷에서 – 알아보다 / 유명한 식당
5. 말하기 시험 때 – 발표하다 / 고향
6. 쓰기 시간에 – 쓰다 / 가족
7. 쉬는 시간에 – 찾아보다 / 명동에 가는 법

연습 2

다음과 같이 대화를 해 봅시다.

가 : 궁금한 것이 있어요?
나 : 일하는 시간에 대해서 알고 싶어요.
가 : 일하는 시간은 오전 9시부터 오후 1시까지예요.
나 : 해야 하는 일은 뭐예요?
가 : 서류를 정리하는 일이에요.

1	사무실 직원 – 신입 사원	• 일하는 시간: 오전 9시–오후 1시 • 해야 하는 일: 서류를 정리하는 일
2	사장님 – 아르바이트생	• 회사 분위기: 직원들이 모두 친절하다 • 월급: 한 달에 100만 원
3	휴대폰 가게 직원 – 손님	• 휴대폰 기능: 카메라, 인터넷 • 가격: ______
4	선생님 – 학생	• 시험 과목: 말하기, 쓰기 • 시험 시간: ______
5	친구 – 친구	• 취미: ______ • 좋아하는 음식: ______

· 궁금하다
· 신입
· 사원
· 과목

연습 3

여러분은 다음과 같은 사람을 만나면 무엇에 대해서 이야기합니까? 친구와 같이 말해 봅시다.

· 끼리

반 친구	• 한국말을 잘하는 방법 • •
고향 친구	• 고향 소식 • •
남자/여자끼리	• • •
부모님	• • •

대화

36-1

지훈　왕쯔이 씨, 어제 뉴스 봤어요?

왕쯔이　아니요. 특별한 게 있었어요?

지훈　뉴스에서 건강에 좋은 음식에 대해서 소개했어요.

왕쯔이　무슨 음식이 건강에 좋다고 해요?

지훈　토마토가 좋다고 해요. 많이 먹으면 피부도 좋아진다고 해요.

왕쯔이　그럼 토마토를 많이 먹어야겠어요.

지훈　왕쯔이 씨는 건강에 관심이 많네요.

왕쯔이　네, 요즘 자주 아파서 건강을 생각하게 됐어요.

확인해 봅시다

- ✔ 어제 뉴스에서 무엇에 대해서 이야기했습니까?
- ✔ 왕쯔이 씨는 왜 건강에 관심이 많습니까?

○ 다음 표현을 사용해서 위와 같이 대화를 만들어 봅시다.

· 토마토
· 치즈

건강에 좋은 음식	토마토	많이 먹다 / 피부가 좋아진다
건강에 좋은 음식	치즈	자주 먹다 / 눈 건강에 좋다
건강에 좋은 운동	요가	오래 하다 / 다이어트에 좋다

활동

각 나라의 건강 비결 말하기

◎ 여러분 나라에서는 사람들이 건강을 위해서 무엇을 합니까? 친구와 같이 이야기해 봅시다.

건강을 위해서 하는 것

◎ 친구와 같이 이야기한 내용을 정리해 봅시다.

나라	음식	운동	습관	기타

읽고 쓰기

생각해 봅시다

건강에 좋은 음식에 대해서 이야기해 봅시다.

읽어 봅시다 36-2

다음은 제프리 씨의 일기입니다.

사람들은 요즘 건강에 관심이 많습니다. 사람들은 건강을 위해서 몸에 좋은 음식을 먹거나 운동을 합니다. 건강에 좋은 음식을 소개하는 텔레비전 프로그램도 점점 많아지고 있습니다.

제 친구 마이클은 건강에 아주 관심이 많습니다. 마이클은 날마다 아침에 일어나서 여섯 가지 비타민을 먹고 운동을 합니다. 그리고 건강에 좋은 음식은 뭐든지 먹습니다.

한 달 전에 뉴스에서 물을 많이 마시면 건강에 좋다고 했습니다. 그 뉴스를 듣고 나서 마이클은 날마다 물 2리터씩을 마시고 있습니다. 또 지난주부터 마이클은 집에서 도시락을 가지고 옵니다. 저와 함께 식당에 갈 때도 마이클은 도시락을 먹습니다. 그런데 도시락 반찬에는 항상 마늘이 있습니다.

"마이클, 마늘이 그렇게 맛있어?"

"아니. 신문에서 봤는데 마늘이 건강에 좋다고 했어. 그래서 마늘을 열심히 먹고 있어."

저는 마이클이 마늘을 좋아하는 줄 알았습니다. 마이클은 건강을 위해서 뭐든지 하는 것 같습니다.

오늘 집에 가는 버스에서 마이클과 같이 뉴스를 들었습니다. 뉴스에서 포도주가 건강에 좋다고 했습니다. 내일부터 마이클이 포도주도 가지고 올 것 같아서 걱정입니다.

· 프로그램
· 비타민
· 도시락
· 마늘
· 포도주

가. 읽고 이야기해 봅시다.

1. 왜 음식에 대한 텔레비전 프로그램이 많아졌습니까?
2. 마이클은 건강을 위해서 무엇을 합니까?
3. 이 사람은 무엇을 걱정합니까?

나. 윗글을 읽고 맞으면 ○, 틀리면 × 하십시오.

1. 마이클은 마늘을 아주 좋아합니다. (   )
2. 마이클은 아침마다 운동을 하고 있습니다. (   )
3. 마이클은 오늘 건강에 대한 뉴스를 들었습니다. (   )

다. ________에 주의하면서 듣고 따라 해 봅시다. 36-3

1. 아침에 일어나서 여섯 가지 비타민을 먹고 운동을 합니다.
2. 신문에서 봤는데 마늘이 건강에 좋다고 했어.
3. 마이클이 포도주를 가지고 올 것 같아서 걱정입니다.

라. 읽은 내용을 가지고 대화를 만들어 봅시다.

제프리 마이클, 오늘 아침에도 비타민 먹었어?

마이클 그럼. 비타민도 먹고 운동도 했어.

제프리 ________________

마이클 ________________

제프리 ________________

마이클 ________________

제프리 ________________

마이클 ________________

○ '건강에 좋은 음식'이라는 주제로 글을 써 봅시다.

문화 Culture

한국 생활에 꼭 필요한 전화번호
Important phone numbers for living in Korea

- ▸112 경찰서 Police Station
- ▸114 전화번호 안내 Telephone Information Service
- ▸119 화재, 구급차 Fire, Ambulance
- ▸120 다산콜센터(서울 생활 정보 안내) Dasan Call Center (Seoul Life Information Center)
- ▸1330 외국인 관광 안내 Foreigner Tourist Information
- ▸1339 응급 의료 정보 센터 www.1339.or.kr Emergency Care Information Center

해 봅시다.
Let's try.

1. 위험할 때 도움을 요청하는 표현을 배워 봅시다.
   Let's practice phrases to use when you're in danger.

   - 도와주세요! Help me!
   - 불이야! Fire!
   - 사람이 다쳤어요. 구급차 좀 보내 주세요.
     Someone is hurt. Please send an ambulance.
   - 경찰 좀 불러 주세요.
     Please call the police.

2. 114에 전화해서 다음 장소의 전화번호를 물어봅시다.
   Practice calling 114 to ask for the phone number of the following places.

   ① 대사관 Embassy　　② 국민대학교 Kookmin University

부록

- 듣기 대본
- 듣기/읽기 해답
- 번역
- 문법 설명
- 어휘 목록

듣기 대본

22과

직원 어서 오세요. 뭘 도와 드릴까요?
손님 어제 이 티셔츠를 샀는데 다른 것으로 바꾸고 싶어요.
직원 왜요? 마음에 안 드세요?
손님 집에 가서 다시 입어 보니까 좀 뚱뚱해 보여서요.
직원 영수증 가지고 오셨어요?
손님 여기 있어요.
직원 네, 그럼 다른 걸 골라 보세요.
손님 음, 이 티셔츠는 어떤 색깔이 있어요?
직원 하얀색하고 하늘색, 노란색, 베이지색이 있어요.
손님 까만색은 없어요?
직원 네, 까만색은 없는데요.
손님 좀 어두운 색으로 사고 싶은데…… 음…… 이 체크무늬 셔츠는 얼마예요?
직원 39,000원이에요.
손님 입어 봐도 돼요?
직원 죄송하지만 그건 지금 작은 사이즈만 남았어요. 큰 사이즈는 일주일 후에 들어올 거예요.
손님 그럼 너무 늦는데……. 마음에 드는 게 없네요. 그냥 환불해 주세요.
직원 그렇게 하시겠어요? 그럼 어제 사용하신 카드 좀 주세요.
손님 여기 있어요.
직원 잠시만요. 여기에 서명해 주세요.
손님 네.
직원 취소됐습니다. 여기 영수증 받으세요.
손님 네, 감사합니다.

26과

이리나 제프리 씨, 늦어서 미안해요. 오래 기다렸어요?
제프리 아니요, 저도 조금 전에 왔어요. 그런데 주말이어서 그런지 영화관에 사람이 많네요.
이리나 사람이 이렇게 많은데 표가 있을까요?
제프리 글쎄요. 한번 가 봅시다.

(극장 안에서)

제프리 음, 지금 '두 남자 이야기'하고 '실수'를 볼 수 있겠네요. 이리나 씨는 무슨 영화를 보고 싶어요?
이리나 음, '두 남자 이야기'는 액션 영화예요?
제프리 네, 그런 것 같아요.
이리나 저는 액션 영화는 별로 안 좋아하는데…….
제프리 그럼 '실수' 볼까요? '실수'는 코미디 영화예요.
이리나 좋아요. 지금 세 시니까…… 세 시 반 영화를 봐요. 제가 표를 살게요.
제프리 아니에요. 제가 살게요.
이리나 아니에요. 제가 영화표를 살 테니까 제프리 씨는 그럼 저녁을 사세요.
제프리 그럽시다. 저는 가서 팝콘이랑 콜라를 좀 사 올게요.

(잠시 후)

직원 어서 오세요.
이리나 '실수' 세 시 반으로 두 장 주세요.
직원 알겠습니다. 손님, 죄송하지만 세 시 반 영화는 제일 앞자리밖에 없는데요. 앞자리도 괜찮으세요?
이리나 그래요? 앞자리는 좀 불편할 것 같은데……. 그냥 주세요.
직원 네, 알겠습니다. '실수' 세 시 반으로 두 장 계산해 드리겠습니다. 할인 카드 있으세요?
이리나 네, 여기요.
직원 할인 받으셔서 모두 15,000원입니다. 표 여기 있습니다. 영화 시작 10분 전까지 들어가셔야 합니다.
이리나 네, 감사합니다.

29과

이리나 카오루 씨, 오랜만이에요.
카오루 네, 이리나 씨, 그동안 어떻게 지냈어요?
이리나 매일 똑같은 생활이에요. 학교 가서 공부하고 집에 와서 숙제하고 주말에 쉬고……. 특별한 일이 없으니까 좀 심심해요.
카오루 그럼 다음 주에 휴일이 있으니까 여행을 한번 해 보세요.
이리나 제가 한국어를 잘 못해서 여행하는 게 좀 무서워요. 제주도에 가 보고 싶은데……. 카오루 씨는 제주도에 가본 적이 있어요?
카오루 네, 작년에 부모님하고 가 봤어요.
이리나 그래요? 제주도 여행은 어땠어요?
카오루 아주 좋았어요. 바다에서 수영하고 낚시도 했어요. 참, 한라산에도 올라갔어요.
이리나 한라산요? 힘들지 않았어요?
카오루 저는 등산을 해 본 적이 없어서 좀 힘들었어요. 하지만 산꼭대기에 올라가면 경치가 정말 아름다워요.
이리나 아~ 저도 한번 가 보고 싶어요. 그런데 제주도 음식은 어때요? 무슨 음식이 맛있는지 아세요?
카오루 제주도는 흑돼지가 유명해요. 제주도에서만 먹을 수 있는 음식이에요. 삼겹살에 비해서 조금 비싸지만 정말 맛있어요.
이리나 아~ 맛있겠다. 카오루 씨 이야기를 들으니까 정말 제주도에 가고 싶어요.
카오루 꼭 한번 가 보세요.

34과

(병원에서)

의사 어떻게 오셨어요?
환자 소화도 안 되고 머리도 좀 아파서요.
의사 아, 네. 언제부터 그러셨어요?
환자 어제 저녁 먹은 다음부터 불편했어요.
의사 어제 저녁에는 뭘 드셨나요?
환자 김밥이랑 만두랑 떡볶이를 먹었어요. 음, 그리고 케이크도 먹었어요.
의사 음, 또 다른 것은 안 드셨나요?
환자 아, 맞다. 친구랑 밤에 라면도 먹었어요.
의사 음, 과식을 좀 하셨네요. 약 3일분 처방해 드릴 테니까 먹고 낫지 않으면 다시 오세요.
환자 네, 알겠습니다.
의사 그리고 배가 고파도 오늘은 식사하지 마시고 내일부터 드세요.
환자 네, 알겠습니다.

(약국에서)

약사 어서 오세요. 어떻게 오셨어요?

환자 병원에서 처방전을 받아서 가지고 왔어요. 여기 있어요.

약사(여) 네, 잠깐만 기다려 주세요.

(잠시 후)

약사 카오루 님, 약 나왔습니다. 식후 3번 드시면 됩니다. 따뜻한 물하고 같이 드시면 더 좋아요. 그리고 술과 커피는 드시지 마세요.

환자 네, 알겠습니다.

듣기/읽기 해답

21과 읽고 말하기

가. 1. 학교 근처 커피숍입니다.
2. 큰 창문이 있어서 좋아합니다.
3. 책을 보고 음악을 듣습니다.

나. 1. ○ 2. × 3. ×

22과 듣고 읽기

가. 1. 뚱뚱해 보여서 교환하려고 했습니다.
2. 마음에 드는 옷이 없어서 환불했습니다.
3. 영수증이 필요합니다.

나. 1. × 2. × 3. ○

○ 영수증 읽기

가. 1. ○ 2. × 3. ○

23과 읽고 말하기

가. 1. 대형 마트가 쉬는 날이었습니다.
2. 값이 싸고 구경할 것이 많아서 재미있었습니다.
3. 한복을 입어 보고, 필요한 것을 샀습니다. 사과도 사고 파전도 사 먹었습니다.

나. 1. ○ 2. × 3. ○

24과 읽고 쓰기

가. 1. 예쁘고 튼튼하고 편리할 것 같아서
2. 가방이 크고 무거워서
3. 가방에서 안 좋은 냄새가 나서

나. 1. × 2. ○ 3. ×

25과 읽고 말하기

가. ㉰ 서울도서관에서 책 빌리기, ㉮ 서울도서관에 찾아가기, ㉯ 서울도서관 이용하기

나. 1. 시청역 근처에 있습니다.
2. 책이나 DVD를 볼 수 있고, 컴퓨터도 사용할 수 있습니다.
3. 회원증을 만들어야 합니다.

다. 1. ○ 2. ○ 3. ×

라. 1. 서울/신분증/무료
2. 오전 9시~오후 9시/월요일
3. 회원증/3/2주(14)
4. 시청

26과 듣고 말하기

가. 1. 사람이 많았습니다.
2. 세 시 반에 '실수'를 볼 것입니다.
3. 3시 20분까지 들어가야 합니다.

나. 1. × 2. ○ 3. ○

27과 읽고 쓰기

가. 1. 가을입니다. 가을은 날씨가 좋고, 단풍이 예쁩니다.
2. 광화문광장에 가서 세종대왕 동상 앞에서 사진을 찍고, 세종문화회관에도 가 봤습니다.
3. 같이 볼 사람이 없어서 안 봤습니다.

나. 1. × 2. × 3. ○

28과 읽고 쓰기

가. 1. 산책하는 사람이 많아서 복잡했습니다.
2. 자전거를 탄 아이와 넘어졌고 강아지 똥을 밟았습니다.
3. 사람들이 쓰레기를 버려서 더러웠습니다.

나. 1. × 2. × 3. ○

29과 듣고 쓰기

가. 1. 매일 똑같습니다(특별한 일이 없습니다).
2. 바다에서 수영을 하고 낚시를 했습니다. 한라산에 올라갔습니다.
3. 흑돼지를 먹었습니다.

나. 1. × 2. ○ 3. ×

30과 읽고 말하기

가. 1. 3년 전부터 남자 친구를 만났습니다.
2. 약속 시간보다 일찍 나왔고, 미리 계획을 세우고 나왔습니다. 그리고 집까지 같이 가 주었습니다.
3. 약속 시간보다 늦게 나옵니다.

나. 1. × 2. × 3. ○

31과 읽고 말하기

가. 1. 수업 후 기숙사에 돌아가 혼자 점심을 먹고 숙제를 했습니다. 그리고 고향 친구들과 인터넷으로 이야기했습니다.
2. 버스 정류장에서 아주머니에게 명동에 가는 방법을 물어봤고, 아주머니가 친절하게 알려 주었지만 이해하지 못했습니다.
3. 혼자 버스나 지하철을 타고 여기저기 다니고, 식당에서 한국 음식을 주문해서 먹습니다.

나. 1. × 2. × 3. ○

32과 읽고 말하기

가. 1. 병원과 은행, 학교 등이 많고 대중교통이 편리합니다. 다양한 물건을 살 수 있고 미술관이나 박물관에 가서 전시회를 볼 수 있습니다.

2. 조용하고, 교통도 복잡하지 않습니다. 그리고 자연 속에서 생활할 수 있습니다.
3. 공기가 깨끗하고 사람들이 친하게 지낼 수 있기 때문입니다. 그리고 빠른 인터넷과 편리한 교통 덕분에 불편하지 않기 때문입니다.

나. 1. 시골 2. 도시 3. 시골 4. 도시

33과 읽고 쓰기

가. 1. 알렉세이 씨를 만났습니다.
2. 넘어져서 부끄러웠기 때문입니다.
3. 약을 바르고 밴드를 붙였습니다.

나. 1. ○ 2. × 3. ×

34과 듣고 말하기

가. 1. 소화가 안 되고 머리가 아팠습니다.
2. 과식을 했기 때문입니다.
3. 소화제

나. 1. ○ 2. × 3. ○

35과 읽고 쓰기

가. 1. 살이 쪄서 운동하고 싶은데 시간도 없고 피곤해서 고민합니다.
2. 친구랑 같이 운동을 하거나 드라마를 보면서 운동하면 좋다고 했습니다.
3. 물을 마시면 밥을 조금 먹어도 배가 고프지 않기 때문입니다.

나. 1. × 2. ○ 3. ○

36과 읽고 쓰기

가. 1. 건강에 관심이 많은 사람들이 많기 때문입니다.
2. 아침마다 비타민을 먹고 운동을 합니다. 그리고 건강에 좋은 음식을 먹습니다.
3. 내일부터 마이클이 포도주를 가져올 것 같아 걱정합니다.

나. 1. × 2. ○ 3. ○

영문 대화 번역

Lesson 21

Store staff	Welcome. What are you looking for?
Abdullah	I am looking for my friend's birthday present.
Store staff	How about this cap? It popular among customers.
Abdullah	I don't think it would suit my friend. Do you have anything else?
Store staff	Then, how about this? This cute item is good for a present.
Abdullah	It seems good. I will take it. Please wrap it up.

Lesson 22

Store staff	Welcome.
Thui	I would like to exchange these earrings.
Store staff	Why are you exchanging them? Do you not like them?
Thui	I have many similar earrings.
Store staff	Then how about these? This design is popular these days.
Thui	Those earrings look too big.
Store staff	Please try them on once. They look different when you try them on.
Thui	They are very pretty, now that I've tried them on. I would like to switch to these earrings.

Lesson 23

Store staff	Welcome. Would you like to have it in a bag?
Wangziyi	Yes, please.
Store staff	(Several barcode scanning sounds) The total is 40,500 won. Do you have a point card?
Wangziyi	I don't have one.
Store staff	Then, would you like to make one? You can spend points just like cash if you accumulate them.
Wangziyi	Can I make one right away?
Store staff	Of course. Please write down your name and contact information.

Lesson 24

Wangziyi	I bought these clothes on the Internet, what do you think?
Maki	Pretty. Do you buy clothes on the internet often?
Wangziyi	Yes, I purchase things often because it is cheap and convenient.
Maki	I only buy books. What do you do if you don't the product after you get it?
Wangziyi	Don't worry. It is not difficult to exchange.
Maki	Is that so? Then, please let me know the site that you frequently use.

Lesson 25

Staff	What can I help you with?
Gantuya	What should I do if I want to borrow books?
Staff	Do you have a library card?
Gantuya	No, I don't have one. How can I make one?
Staff	First, register for the membership through the Internet, and come back again.
Gantuya	I got it. Can I use that computer?
Staff	Yes, you may use it.

Lesson 26

Bart	Maybe it's because of the nice weather, but there are many people at the park.
Irina	Yes, there are also many people riding their bicycles.
Bart	It looks so fun. Shall we rent a bicycle?
Irina	Do you know where we can rent?
Bart	Yes, please wait here for a moment while I rent one.
Irina	Okay, then I will go buy some drinks.

Lesson 27

Jeffrey	Wow, is this Gwanghwamun square?
Yunah	Yes, what is it like now that you are here?
Jeffrey	When I saw it in a book, I thought it would be small. But it is actually big, and there are so many people.
Yunah	This is the statue of King Sejong the Great.
Jeffrey	I saw this in a book. This was built to commemorate King Sejong the Great, wasn't it?
Yunah	You are correct. Why don't you stand in front of the statue? I will take a picture for you.

Lesson 28

Alexei	Before the performance starts, would you like to quickly drink some coffee? What would you like?
Maki	I am fine with anything. By the way, is it allowed to bring a drinks inside?
Alexei	Probably not. Let's drink it quickly and go inside.
Maki	Okay. Did you turn off your cell phone?
Alexei	Of course, I just turned it off and put it in my bag.
Maki	Yes! It will start soon. Let's go inside quickly.

Lesson 29

Abdullah Gantuya, what did you do during the weekend?

Gantuya I went to Myeongdong and watched a performance. It was really fun.

Abdullah What performance did you watch?

Gantuya I watched "Nanta".

Abdullah Really? I watched it last year. It was a very impressive performance.

Gantuya I think so, too. Also, it was easier to understand compared to other performances.

Lesson 30

Kaoru Irina, are you finished with the preparations to go to Jeju Island?

Irina I am not done yet. I only booked the flight and the hotel.

Kaoru How are you going to get around in Jeju Island?

Irina We are planning to rent a car. My friend will drive.

Kaoru Since Jeju is very hot, you must bring along a hat. You also need to prepare sunscreen.

Irina You are right. I have to shop a bit this weekend.

Lesson 31

Maki Hey Thui, can you guess who I saw yesterday? I saw the actor Juwon Song.

Thui Really? Where? I like him, too!

Maki I went to Myeongdong Restaurant yesterday, and he was having dinner there.

Thui Did you talk to him?

Maki No, I couldn't say anything.

Thui Then, did you take a picture?

Maki No I couldn't. I was so nervous that I couldn't do anything.

Thui Then, shall we go there again during the weekend?

Lesson 32

Bart Wangziyi, you look so tired. Is there anything going on?

Wangziyi I feel tired these days. Starting from last week, I started a part-time job.

Bart Part-time job? What do you do?

Wangziyi I work at a coffee shop. I brew coffee or wash dishes.

Bart Isn't the work hard?

Wangziyi It is hard, but I am slowly getting used to it.

Bart Are there many customers at that coffee shop?

Wangziyi Yes, there are guite a lot of customers. That is why I have so many things to do.

Lesson 33

Pharmacist How can I help you?

Thui I came here because of a cough.

Pharmacist When did you start coughing?

Thui From the day before yesterday. I cough and I also have a sore throat.

Pharmacist Then take this medicine. Take one tablet after each meal.

Thui Yes, I understand.

Pharmacist Please drink a lot of hot water and take a good rest.

Lesson 34

Doctor What seems to be the trouble?

Thui I think I got a cold. Even though I took some medicine, it didn't work well.

Doctor Let me take a look. Your throat is very swollen. I will prescribe medicine for two days. And you will get a shot before you go.

Thui Do I need to get a shot, too?

Doctor Yes, and come back after two days.

Lesson 35

Alexei Gantuya, was hiking yesterday fun?

Gantuya No, maybe it's because I haven't exercised in a while. It was so tiring.

Alexei Did you excise a lot in your home town?

Gantuya Yes, I did. But I don't have time to these days.

Alexei Then, how about walking home, since it is close?

Gantuya That sounds good. From today it would be better to walk every time I go home.

Lesson 36

Jihun Wangziyi, did you watch the news yesterday?

Wangziyi No. I didn't. Was there anything special?

Jihun In the news, they introduced healthy foods.

Wangziyi What did they say was healthy for you?

Jihun They said tomatoes are good for your health. If you eat a lot, you will get smooth skin.

Wangziyi Then I should eat a lot of tomatoes.

Jihun You have a lot of interest in health, Wangziyi.

Wangziyi Yes. These days, I am sick often, so I think a lot about my health.

중문 대화 번역

21課

售货员　欢迎光临！请问，你要什么？
亚图拉　我想给朋友买个礼物。
售货员　你看这帽子怎么样？最近很受欢迎。
亚图拉　这个好像不太合适，有没有别的？
售货员　那这个怎么样？像这种很可爱的，好送礼。
亚图拉　不错，就要这个吧，麻烦你给我包装一下。

22課

售货员　欢迎光临！
图依　我想换这副耳环。
售货员　怎么了？你不喜欢吗？
图依　是因为家里有很多款式差不多的。
售货员　那这种怎么样？这是最近流行的款式。
图依　那种显得太大了。
售货员　你试一试吧。戴上就不一样了。
图依　戴上真的很好看啊。就换这副吧。

23課

收银员　你好！需要我帮你把东西放进袋里吗？
王紫怡　好的，请帮我放进去。
售货员　(响了几次扫描条形码的声音) 一共40，500韩元？你有积分卡吗？
王紫怡　没有。
售货员　那给你办一张，怎么样？累积的分数可以当现金使用。
王紫怡　现在就可以办吗？
收银员　当然啦。请在这儿写上你的姓名和联系电话。

24課

王紫怡　这件衣服是在网上买的，你看怎么样？
马奇　好看。你常上网买衣服吗？
王紫怡　嗯，又便宜又方便，所以我经常上网购买。
马奇　我呢，只是买点儿书。收到衣服后觉得不喜欢，那可怎么办？
王紫怡　这个不用担心，退换衣服并不难。
马奇　是吗？那你告诉我你经常利用的网络商城。

25課

工作人员　需要我帮忙吗？
甘涛涯　要想借书，该怎么办？
工作人员　你有图书馆会员卡吗？
甘涛涯　没有，还没办。会员卡怎么办理？
工作人员　你先上网加入会员，然后再到这儿来吧。
甘涛涯　知道了，我可以用一下那台电脑吗？
工作人员　可以，你可以用。

26課

巴特　可能是因为天气很好，公园里人真多呀。
伊梨娜　是啊，骑车的人也不少啊。
巴特　看起来很好玩儿，咱们也借辆自行车骑骑？
伊梨娜　你知道在哪儿借吗？
巴特　我知道。我去借车，你在这儿等一下。
伊梨娜　那我去买饮料吧。

27課

杰弗利　哇！这里就是光化门广场吗？
润雅　是啊，来到这里觉得怎么样？
杰弗利　在书上看到的时候，以为很小呢。可是不仅很大，人也很多呀！
润雅　这就是世宗大王铜像。
杰弗利　我在书上看到过。是为了纪念世宗大王而制作的吧？
润雅　对。我给你拍张照，你去站在铜像前面吧。

28課

亚力赛　演出开始之前喝点儿咖啡，怎么样？你要喝什么？
马奇　随便，什么都行。不过，饮料可以拿进去吗？
亚力赛　恐怕不行。咱们快喝，喝完了就进去吧。
马奇　好，手机关好了没有？
亚力赛　那还用说，刚才已经关好放到包里了。
马奇　哨！演出马上就开始了，咱们快进去吧。

29課

亚图拉　甘涛涯，周末你做什么了？
甘涛涯　我去明洞看了一场演出，可有意思了。
亚图拉　你看了什么演出？
甘涛涯　我看了<乱打>秀。
亚图拉　是吗？去年我也看过，是一场让我印象很深刻的演出。
甘涛涯　我也是。还有，<乱打>秀跟其他演出相比好理解。

30課

卡敖路　伊梨娜，你去济州岛，都准备好了吗？
伊梨娜　还没都准备好。只是订好了机票和宾馆。
卡敖路　你去济州岛，打算怎么逛？
伊梨娜　我想借辆车开。我朋友已经说好了由他来开车。
卡敖路　济州岛很热，你一定要准备一顶帽子，另外，你还得带上太阳镜。
伊梨娜　可是我没有帽子啊... 这个周末得去买啦。

31課

马奇　图依，你知道昨天我看见谁了吗？我看见电影演员宋洙元啦。
图依　真的？在哪儿？我也好喜欢他啊！
马奇　昨天我去明洞餐厅，看到宋洙元正在那儿吃晚餐呢。
图依　你跟他说上话了没有？
马奇　没有。一句话也没说上。
图依　那有没有照相？
马奇　没有，没照。我太紧张了，什么都做不了。
图依　那这个周末我们再到那儿去看看，好吗？

32課

巴特　紫怡，看上去你好像很累，有什么事情吗？
王紫怡　这两天有点儿累，因为我从上周开始打工了。
巴特　打工？你打什么工？
王紫怡　我在咖啡厅打工呢。调配咖啡或洗碗。
巴特　打工不累吗？
王紫怡　累是累，不过越来越熟练了。
巴特　那家咖啡厅人多吗？
王紫怡　嗯，客人还算挺多的。所以要做的事情也很多。

33課

药师　你怎么了？
图依　我有点儿咳嗽。
药师　什么时候开始咳嗽的？
图依　是前天开始的。不但咳嗽，嗓子也疼。
药师　那你吃这种药吧。饭后吃一粒就行。
图依　好，知道了。
药师　你还得多喝点儿热水，好好儿休息。

34課

医生　你哪儿不舒服？
图依　我好像感冒了。吃药也不见好。
医生　我来看看，你嗓子肿得厉害啊。我给你开两天的药吧，还有，你打个针再走。
图依　还要打针吗？
医生　要打针，两天后你再来一趟。

35課

智勋　紫怡，你昨天看新闻了吗？
王紫怡　没有。有什么特别的吗？
智勋　新闻介绍了一些对身体好的菜。
王紫怡　新闻说什么东西对身体好？
智勋　新闻说西红柿对身体很好。还说皮肤也能变好。
王紫怡　那今天开始得多吃点西红柿哦。
智勋　紫怡，看来你很关心健康啊。
王紫怡　是啊，我最近身体常常不舒服，所以想到了健康问题。

36課

亚力赛　甘涛涯，你昨天去爬山，有意思吗？
甘涛涯　哪儿啊。可能是最近没怎么运动，觉得太累了。
亚力赛　你在家乡的时候，经常运动吗？
甘涛涯　那时我经常运动，不过最近没有时间。
亚力赛　那这儿离家也不远，咱们就走路走到家里，怎么样？
甘涛涯　这个主意不错。今天开始，每次回家都得走路回去。

문법 설명

21과

-는/(으)ㄴ 것 같다
It seems that ...
好像...

Attached after a verb, adjective, or 'noun+이다', this form expresses that what is being said is uncertain.
位于动词, 形容词, '名词+이다'的后面, 表示说话的内容并不确实。

	현재 present 现在	과거 past 过去	미래·추측 future conjecture 未来·推测
동사 verb 动词	-는 것 같다 가는 것 같다 먹는 것 같다	-(으)ㄴ 것 같다 간 것 같다 먹은 것 같다	-(으)ㄹ 것 같다 갈 것 같다 많을 것 같다
형용사 adjective 形容词	-(으)ㄴ 것 같다 예쁜 것 같다 많은 것 같다		
명사+이다 noun+이다 名词+이다	인 것 같다 친구인 것 같다 선생님인 것 같다		일 것 같다 친구일 것 같다 선생님일 것 같다

- 그 학생은 요즘 열심히 **공부하는 것 같아요**.
- 친구가 기분이 안 **좋은 것 같아요**.
- 그 사람은 한국 사람**인 것 같아요**.
- 어젯밤에 비가 **온 것 같아요**.
- 결혼하면 **행복할 것 같아요**.

(으)로 하다
one chooses ...
用...做/就...吧

Attached after a noun, this form denotes that a noun is chosen.
位于名词的后面, 表示选择了名词所指事物。

받침×, ㄹ 받침 + 로 하다	받침○ + 으로 하다
커피로 하다 물로 하다	음식으로 하다

- 가: 계산은 어떻게 하시겠습니까?
  나: 카드**로 하겠습니다**.
- 가: 어느것**으로 하시겠어요**?
  나: 긴 양말**로 할게요**.

22과

-아/어 보이다
seems/appears
显得 / 看上去 /看起来...

Attached after an adjective, this pattern expresses that something looks or feels a certain way.
位于形容词的后面, 表示感觉到或者可推测出那个形容词所指的含义。

ㅏ, ㅗ + 아 보이다	ㅓ, ㅜ, ㅣ... + 어 보이다	하다 → 해 보이다
많아 보이다	적어 보이다	피곤해 보이다

- 그 사람은 돈이 **많아 보여요**.
- 친구가 **슬퍼 보이지만** 이유를 물어보지 못했어요.
- 결혼하는 친구가 **행복해 보여서** 저도 기분이 좋았어요.

-(으)니까
one realizes that ...
的时候已经.../做...发现

Attached after a verb, this form expresses that as the result of doing the action in the previous clause, the following fact is realized.
位于动词的后面, 表示进行了前面的动作之后发现了后面的事实。

받침×, ㄹ 받침 + 니까	받침○ + 으니까
가니까 여니까	먹으니까

- 수업이 **끝나니까** 1시였어요.
- 선물을 **받으니까** 기분이 좋아요.
- 한국에서 **사니까** 재미있는 일이 많아요.
- 그 사람을 **만나 보니까** 좋은 사람인 것 같아요.

23과

-아/어 드릴까요?
Shall I ...?
帮~~怎么样?/需要帮助吗?

Attached after a verb, this ending is used for asking another person's intention when the speaker is willing to do an action for the sake of the listener.
位于动词的后面, 是一种敬语形式, 当主语想要为客体服务而进行某一种行为的时候使用, 表示询问对方的意向。

ㅏ, ㅗ + 아 드릴까요?	ㅓ, ㅜ, ㅣ... + 어 드릴까요?	하다 → 해 드릴까요?
찾아 드릴까요?	찍어 드릴까요?	소개해 드릴까요?

- 가: 문을 **닫아 드릴까요**?
  나: 네, 닫아 주세요.
- 가: 가방이 무거워 보이네요. **들어 드릴까요**?
  나: 네, 고마워요.
- 가: 머리를 어떻게 **잘라 드릴까요**?
  나: 짧게 잘라 주세요.
- 가: 무엇을 **도와 드릴까요**?
  나: 환전을 하려고 하는데요

처럼
like...

像~~一样

Attached after a noun, this form expresses that the following action or state is similar to the previous noun. This form '처럼' is used whether the noun ends with a consonant or not.
位于名词的后面, 表示后一动作和状态与前面的名词差不多或相同。不管名词词干有无收音, 都可用作'名词词干+처럼'.

- 결혼 이야기를 하니까 친구의 얼굴이 사과**처럼** 빨개졌어요.
- 제 친구는 한국 사람**처럼** 한국말을 잘해요.

24과

-는데/(으)ㄴ데[2]
given the circumstance that ...
在...做/...是.../

Attached after a verb, adjective, or 'noun+이다', this form indicates the background circumstances of a certain fact or a specific situation.
位于动词, 形容词, '名词+이다'的后面, 当说明一个事实或具体内容时, 表示在那之前的情况。

	현재 present 现在	과거 past 过去
동사 verb 动词	**-는데** 가는데 먹는데	**-았는데/었는데** 갔는데 적었는데
형용사 adjective 形容词	**-(으)ㄴ데** 예쁜데 많은데	
명사+이다 noun+이다 名词+이다	**인데** 친구인데 선생님인데	**이었는데/였는데** 친구였는데 선생님이었는데

- 텔레비전을 **보는데** 반 친구가 텔레비전에 나왔어요.
- 이분은 세종대왕**인데** 한글을 만드신 분이에요.
- 기숙사에 **사는데** 깨끗하고 시설이 좋아요.
- 어제 물냉면을 **먹어 봤는데** 시원하고 맛있었어요.
- 숙제를 하고 **있는데** 친구에게 전화가 왔어요.

밖에
except ...
只/只有...

Attached after a noun, this word indicates that the noun is the only thing that can be selected in the situation. This form '밖에' is used whether the noun ends with a consonant or not, and it is followed by negative contents.
位于名词的后面, 表示那是一个唯一可选的情况。不管名词词干的最后一个音节有无收音, 都可连接 '밖에', '밖에'的后面是否定的内容。

- 저를 생각해 주는 사람은 엄마**밖에** 없어요.
- 돈이 별로 없어서 옷을 한 벌**밖에** 못 샀어요.
- 음식이 조금**밖에** 안 남았어요. 빨리 드세요.

25과

-나요/(으)ㄴ가요?
Is it ...?
对吗? /可以~~吗?/是吗?

Attached after a verb, adjective or 'noun + 이다', this ending is used for asking questions softly and cautiously.
位于动词, 形容词, '名词+이다'的后面, 用于向对方温柔而谨慎地提问的情况。

	현재 present 现在	과거 past 过去
동사 verb 动词	**-나요?** 가나요? 먹나요?	**-았나요/었나요?** 갔나요? 적었나요?
형용사 adjective 形容词	**-(으)ㄴ가요?** 예쁜가요? 많은가요?	
명사+이다 noun+이다 名词+이다	**인가요?** 친구인가요? 선생님인가요?	**이었나요/였나요?** 친구였나요? 선생님이었나요?

- 가: 여기에 주차해도 **되나요**?
  나: 네, 주차하셔도 됩니다.
- 가: 주말에는 식당에 사람이 **많은가요**?
  나: 네, 평일보다 많습니다.
- 가: 이 학교 선생님**이신가요**?
  나: 네, 맞아요.
- 가: 외국인 등록증을 가지고 **오셨나요**?
  나: 네, 가지고 왔어요.
- 가: 햄버거를 가지고 **가실 건가요**?
  나: 아니요. 여기에서 먹을 거예요.

-고 나서
and then ...
...以后/然后.

Attached after a verb, this patten expresses that a certain action is followed by another action.
位于动词的后面, 表示做完那件事情之后再做其它事情。

- **숙제하고 나서** 놀아.
- 영화를 **보고 나서** 책도 읽었어요.
- 그 이야기를 **듣고 나서** 기분이 좋아졌어요.

26과

-아서/어서 그런지
maybe because ...
可能是~~, 因此~~

Attached after a verb, adjective, or 'noun+이다', this pattern expresses a guess for the reason of the following clause.
位于动词, 形容词, '名词+이다'的后面, 表示推测后一句子的理由。

	ㅏ, ㅗ + 아서 그런지	ㅓ, ㅜ, ㅣ... + 어서 그런지	하다 → 해서 그런지
동사 verb 动词 형용사 adjective 形容词	가서 그런지 많아서 그런지	먹어서 그런지 적어서 그런지	공부해서 그런지 피곤해서 그런지

	받침×, ㄹ 받침 + 여서 그런지	받침○ + 이어서 그런지
명사+이다 noun+이다 名词+이다	친구여서 그런지	선생님이어서 그런지

• 날씨가 **좋아서 그런지** 오늘 기분이 좋네요.
• 저녁 늦게 커피를 **마셔서 그런지** 잠이 안 와요.
• 평일**이어서 그런지** 영화관에 사람이 없네요.
• 제 친구는 한국 노래를 많이 **들어서 그런지** 한국어를 잘해요.

–(으)ㄹ 테니까[2]
Since I will ...
來...吧./ 要....

Attached after a verb, this pattern expresses that the speaker has willingness of doing a certain action. The subject should be the first person 'I', and the following clause is generally a suggestion to the listener.
位于动词的后面, 表示说话人有意愿做那件事。前一分句的主语只能是第一人称, 后一分句的内容主要是向听话人建议或者是命令怎么做。

받침× + ㄹ 테니까	받침○ + 을 테니까
갈 테니까	먹을 테니까

• 제가 **가르쳐 드릴 테니까** 설명을 잘 들으세요.
• 제가 영화표를 **예매할 테니까** 같이 영화 보러 가요.
• 저는 이따가 **먹을 테니까** 먼저 드세요.

27과

–는/(으)ㄴ 줄 알다
one (mistakenly) thought that ...
以为/没想到

Used after a verb, adjective, or 'noun+이다', this pattern expresses that the subject knew about something incorrectly.
位于动词, 形容词, '名词+이다'的后面, 表示说话人所知道的内容与事实不一样的情况。

	현재 present 现在	과거 past 过去	미래·추측 future conjecture 未来·推测
동사 verb 动词	**–는 줄 알다** 가는 줄 알다 먹는 줄 알다	**–(으)ㄴ 줄 알다** 간 줄 알다 먹은 줄 알다	**–(으)ㄹ 줄 알다** 갈 줄 알다 많을 줄 알다
형용사 adjective 形容词	**–(으)ㄴ 줄 알다** 예쁜 줄 알다 많은 줄 알다		
명사+이다 noun+이다 名词+이다	**인 줄 알다** 친구인 줄 알다 선생님인 줄 알다		**일 줄 알다** 친구일 줄 알다 선생님일 줄 알다

• 눈을 감고 있어서 **자는 줄 알았어요.**
• 며칠 동안 학교에 오지 않아서 **아픈 줄 알았어요.**
• 한국어를 잘해서 한국 사람**인 줄 알았어요.**
• 볼 때는 **쉬운 줄 알았는데** 해 보니까 어렵네요.
• 밥을 **먹은 줄 알았는데** 아직 안 먹었어?

–기 위해서
in order to ...
为了

Attached after a verb, this pattern is used to express that what is previously said is the purpose of the following contents. The same form '–기 위해서' is used whether the verb has a final consonant or not.
位于动词的后面, 表示前一内容是后一内容的目的。不管动词的词干有无收音, 都可连接 '–기 위해서'。

• 대학교에 **가기 위해서** 열심히 공부하고 있습니다.
• 어려운 사람들을 **돕기 위해서** 돈을 모았어요.

After a noun, the different form '을/를 위해서' should be used.
如果是名词, 要连接 '을/를 위해서'。

받침× + 를 위해서	받침○ + 을 위해서
친구를 위해서	선생님을 위해서

• 남자 친구**를 위해서** 초콜릿을 직접 만들었어요.
• 제 꿈**을 위해서** 한국에 왔어요.

28과

아무 ~(이)나
any ...
随便/什么都~

Attached after a noun, '아무 (이)나' expresses that it doesn't matter what is chosen.
位于名词后面, 表示随便选择哪一个都没有关系, 而不是一定得选择其中的一个。

받침× + 나	받침○ + 이나
아무 영화나	아무 음식이나

• 시간이 별로 없으니까 **아무거나** 먹읍시다.
• 집에 있을 테니까 **아무** 때**나** 오세요.
• **아무** 데**나** 자유롭게 앉으세요.
• 제 친구는 키가 크고 날씬해서 **아무** 옷**이나** 잘 어울려요.
• 아플 때 **아무** 약**이나** 먹으면 안 돼요.

에다가
on top of that...
再加上

Attached after a noun, this form indicates that the following noun is added to the preceding noun. The same form '에다가' is used whether the noun has a final consonant or not.
位于名词的后面，表示在前面内容的基础上，追加后面的内容。不管名词词干的最后一个音节有无收音，都可连接 '에다가'。

• 커피가 너무 써서 커피**에다가** 설탕을 넣었어요.
• 시험 시간에는 책을 가방**에다가** 넣으세요.
• 잊어버리면 안 되니까 책**에다가** 이름을 꼭 쓰세요.

29과

-(으)ㄴ 적이 있다/없다

one has/has not done···
...过

Attached after a verb, this pattern expresses that the subject has or has not had a certain experience of doing something.
位于动词的后面，表示曾经做过或没做过一件事情。

받침×, ㄹ 받침 + ㄴ 적이 있다/없다	받침○ + 은 적이 있다/없다
간 적이 있다/없다 만든 적이 있다/없다	먹은 적이 있다/없다

• 그 사람을 **만난 적이 있어요.**
• 한국 소설을 **읽은 적이 없어요.**
• 이 노래를 **들은 적이 있어요.**
• 시골에서 **산 적이 있어요.**

에 비해서

compare to ···
比...

Attached after a noun, this pattern is used to talk about a certain state or situation compared to the noun. It is also used in a form '에 비해'.
位于名词的后面，用于比较，后面所叙说的状态和情况是跟名词所指内容做对比的。也可用作 '에 비해'的形式。

• 값**에 비해서** 품질이 좋아요.
• 키**에 비해서** 발이 작아요.
• 민수는 경수**에 비해** 축구를 잘해요.
• 쓰기는 말하기**에 비해** 어려워요.

30과

-기로 하다

one decided to do ···
决定做... / 下决心做...

Attached after a verb, this pattern expresses that the action is decided, determined, or promised. Regardless of the existence of a consonant at the last syllable of the verb, this form '-기로 하다' is used. Instead of '하다', such verbs as '결심하다, 결정하다, 약속하다' can be used.
位于动词的后面，表示下决心或决定做那件事，或者是约好去做那件事。不管动词词干的最后一个音节有无收音，都连接 '-기로 하다'。根据情况，可用 '결심하다(下决心), 결정하다(决定), 약속하다(约好)'。

• 오후에 친구와 같이 도서관에 **가기로 했어요.**
• 주말에 친구와 한국 음식을 **만들기로 했어요.**
• 올해에는 숙제를 열심히 **하기로 결심했어요.**
• 아침을 꼭 **먹기로** 부모님과 **약속했어요.**

-아야겠다/어야겠다

one has to do···, a certain situation has to be···
得... / 该...

Attached after a verb or an adjective, this pattern is used to express one's willingness or guess that a certain activity or state should occur.
位于动词，形容词的后面，用于表示有意志做某种行为或推测为一定是那种情况的时候。

ㅏ, ㅗ + 아야겠다	ㅓ, ㅜ, ㅣ... + 어야겠다	하다 → 해야겠다
가야겠다	먹어야겠다	공부해야겠다

• 이번에는 제가 꼭 **가야겠어요.**
• 올해에는 술을 **마시지 말아야겠어요.**
• 장핑 씨, 부모님께 빨리 **전화해야겠어요.**
• 큰 가방이 **있어야겠어요.**

31과

-(으)ㄹ래요?

Would you like to do···?
怎么样? / 好吗?

Attached after a verb, this ending is used for asking someone's opinion or making a suggestion.
位于动词的后面，用于在做一件事情或进行选择时询问对方的意向或表示自己本人的意愿。

받침× + -ㄹ래요	받침○ + -을래요
갈래요	먹을래요

• 시원한 물 한잔 **마실래요?**
• 배가 고프면 빵이라도 좀 **먹을래요?**
• 새로 나온 음악인데 같이 **들을래요?**

아무 ~도

any···
什么都... / 谁也...

Attached after a noun and combined with a predicate of negative meaning, this pattern expresses that a certain person or object is not related. For a thing or a place, we use '아무 (thing/place)도', and for a person, 아무도 is used.
位于名词的后面，跟具有否定义的谓语相结合，表示不包括某一范

围中的任何人或事物。如果是事物或场所，应使用 '아무 (事物/场所) 도'，如果是人，应使用 '아무도'。

- **아무도** 안 왔어요.
- 목이 아파서 **아무것도** 못 먹어요.
- 저는 **아무** 소리**도** 못 들었어요.
- 오늘은 **아무** 데**도** 가지 마세요.
- 걱정하지 마세요. **아무** 일**도** 없을 거예요.

32과

-는/(으)ㄴ 편이다

one tends to be …, one is on the … side
算是.../ 还算...

Attached after a verb, an adjective or 'noun + 이다', this pattern expresses that the subject has a certain tendency. This pattern is not used for a clear or a certain fact. A verb may be used mostly with an adverb.
位于动词，形容词，'名词+이다'的后面，表示有那种倾向。不能用于表示明白确凿的事实。动词主要跟副词一起使用。

동사 verb 动词	**는 편이다** 가는 편이다 먹는 편이다	
형용사 adjective 形容词	**받침×, ㄹ 받침 + ㄴ편이다** 예쁜 편이다 먼 편이다	**받침○ + 은 편이다** 많은 편이다
명사+이다 noun+이다 名词+이다	**인 편이다** 부자인 편이다	

- 마키 씨는 명동에 자주 **가는 편이에요**.
- 저는 매운 음식을 잘 **먹는 편이에요**.
- 제 동생은 키가 **큰 편이에요**.
- 이곳은 주말에는 사람이 **많은 편이에요**.
- 그 사람은 우리 동네에서 부자**인 편이에요**.
- 우리 누나는 음식을 잘 **만드는 편이에요**.

-기는 하지만

even though …
做是做，不过.....

Attached after a verb or an adjective, this pattern is used to partially admit what the other person has said.
位于动词和形容词的后面，表示不完全同意对方所说的话。

- 가: 매운 음식을 자주 드세요?
  나: **먹기는 하지만** 좋아하지는 않아요.
- 가: 외국 생활이 힘들겠어요.
  나: **힘들기는 하지만** 재미있어요.
- 가: 간토야 씨한테 전화했어요?
  나: **하기는 했지만** 전화를 안 받아요.

33과

~도 -고

even… (and also…)

This pattern is used to emphasize two or more actions or states to a similar degree.
以相同的程度来强调两种或更多的行为或者状态时，使用这一用法。

- 열**도** 나**고** 기침도 나요.
- 돈**도** 없**고** 시간도 없어요.

-(으)면 되다

all one needs to do is ...., It would be okay if ...
…就行

Attached after a verb, this pattern expresses that there will be no problem if a certain action is done or a certain state is satisfied.
位于动词的后面，表示做某种行为或者只要到达了某种状态就没有问题或足够了。

받침×, ㄹ 받침 + 면 되다	받침○ + 으면 돼요
가면 되다 만들면 되다	먹으면 되다

- 157번 버스를 **타면 돼요**.
- 책을 빌리려면 학생증만 **있으면 돼요**.
- 그 가게까지 멀지 않으니까 10분 정도 **걸으면 돼요**.
- 물만 **부으면 돼요**.
- 물 한 잔**이면 됩니다**.

34과

ㅅ 불규칙

ㅅ irregular
ㅅ的不规则变化

When a verb that ends with ㅅ combines with a suffix, ㅅ is dropped when the following suffix starts with a vowel. However, ㅅ is not dropped when the suffix starts with a consonant. Some examples include '붓다(to pour), 낫다(to get recover), 짓다(to build), 잇다(to connect), and 긋다(to draw)'.
词干的尾音以ㅅ收音的动词或者形容词，和以元音开头的词尾结合时，ㅅ脱落；但是和以辅音开头的词尾结合时，ㅅ不脱落。这类词有："붓다(倒)，낫다(好)，짓다(做、盖)，젓다(搅)，잇다(连接)，긋다(划、勾)"等。

	-아요/어요	-(으)면	-ㅂ/습니다	-고
낫다	나아요	나으면	낫습니다	낫고
붓다	부어요	부으면	붓습니다	붓고

- 컵에 물을 **붓고** 커피를 넣었어요.

• 약을 먹고 감기가 다 **나았어요**.

–아도/어도

even ...
即使...

Attached after a verb, adjective, or 'noun+이다', this form expresses that what has been mentioned does not affect the following contents.
位于动词, 形容词, "名词+是"的后面, 表示前面的内容对后面的内容起不到影响。

	ㅏ, ㅗ + 아도	ㅓ, ㅜ, ㅣ... + 어도	하다 → 해도
동사 verb 动词	가도	먹어도	공부해도
형용사 adjective 形容词	작아도	예뻐도	깨끗해도

	받침× + 여도	받침○ + 이어도
명사+이다 noun+이다 名词+이다	친구여도	선생님이어도

• 그 책은 **읽어도** 잘 모르겠어요.
• 아무리 **바빠도** 아침을 꼭 드세요.
• 내일 날씨가 **좋지 않아도** 여행을 갈 거예요.
• 떡볶이가 **매워도** 맛있어서 자주 먹어요.
• 주말**이어도** 학교에 사람이 많아요.

35과

–는 게 어때요?

What about ……? Why don't you ……?
……怎么样?

Attached after a verb, this pattern is used for making a suggestion or a proposal. The same form '–는 게 어때요?' is used whether the verb ends with a consonant or not.
位于动词后面, 对某件事提出建议或者劝导时使用。和动词词干的尾音有无收音无关, 都使用 '–는 게 어때요?'。

• 날씨가 더운데 수영장에 **가는 게 어때요**?
• 건강에 좋은 비타민을 **먹는 게 어때요**?
• 학교에 오기 편하니까 기숙사에서 **사는 게 어때요**?
• 눈이 많이 오니까 오늘은 운전을 **하지 않는 게 어때요**?

마다

每…

Attached after a noun, this word expresses that everything is included without exception.
放在名词的后面表示一个也不落, 全部都包括的意思。

• 주말**마다** 건강을 위해서 수영을 해요.
• 만나는 사람**마다** 윤아 씨를 칭찬했어요.

36과

–게 되다

turns into...
开始…了/…了

Attached after a verb, this pattern expresses change of a situation or an action.
位于动词的后面, 表示状态或者行为的变化。

• 한국 대학교에 입학하고 싶어서 한국에 **오게 되었어요**.
• 고향에서 김치를 싫어했지만 한국에 와서 김치를 잘 **먹게 되었어요**.

에 대해서

about..., concerning...
对…/关于…

Attached after a noun, this pattern expresses that the noun is the target of the following contents. The same form '에 대해서' is used whether the noun ends with a consonant or not.
位于名词后面, 表示成为后面内容的对象。和名词的尾音有无收音无关, 都使用 "에 대해서(对…)"。

• 저는 한국 문화**에 대해서** 관심이 많아요.
• 저**에 대해서** 궁금한 것이 있으시면 뭐든지 물어보세요.
• 요즘 저는 제 미래**에 대한** 고민이 많아요.
• 친구에게 건강**에 대한** 책을 선물 받았어요.

어휘 목록

ㅈ

ㅊ

ㅋ

ㅌ

ㅍ

ㅎ